LE MARIAGE D'AUSCHWITZ
UNE HISTOIRE

Le domaine allemand, aux éditions Viviane Hamy

Ruth Klüger
Refus de témoigner – Une jeunesse

Ricarda Huch
Le Dernier Été
L'Affaire Deruga

Ernst Jünger
Lieutenant Sturm

Max Brod
Le Royaume enchanté de l'amour

Philipp Keller
Sentiments mêlés

ERICH HACKL

LE MARIAGE D'AUSCHWITZ
UNE HISTOIRE

Traduit de l'allemand par Chantal Le Brun Keris

Ouvrage traduit avec
le concours du Centre national du livre
et le soutien de la Bundeskanzleramt

.KUNST
bundeskanzleramt

VIVIANE HAMY

Di Hochzeit von Auschwitz – Eine Begebenheit, a été présenté
Par Chantal Le Brun Keris

Titre original : *Di Hochzeit von Auschwitz – Eine Begebenheit*

Conception graphique : Pierre Dusser
© Illustration de couverture :
Alex Di Loreto, *Jardin de Nîmes, 2001*
ISBN 2-87858-189-4

Je ne sais quelle est la vérité, s'il existe une vérité. Peut-être l'un des narrateurs a-t-il menti en sachant qu'il mentait. Ou au contraire tous ont dit ce qu'ils croyaient vrai. Ou bien encore ont-ils inventé des détails, ici et là, par goût inné d'embellir les histoires. Ou, hypothèse plus probable, sur les faits se dépose le voile de la mémoire, qui lentement altère, modifie, transforme en fable le récit des protagonistes autant que les comptes rendus des historiens.

Sergio Atzeni, *Il figlio di Bakunin*

1

L'orage

Cette nuit, je rêverai de Rudi Friemel. Il aura le visage livide, les yeux écarquillés par la peur. Il portera un pantalon de détenu, élimé et rayé, cachant ses engelures, et une chemise blanche brodée de roses. Un cadeau. De qui ? Il sourira, comme toujours. Je remarquerai la fossette sur son menton. Il dira : Tous m'ont oublié, les femmes, les amis, les camarades.

Sottises, dirai-je.

Ah, Marina, ma petite belle-sœur, si téméraire. Toi, tu me connais encore, me répondra Rudi.

C'était un brave garçon. Mécanicien en automobiles, fou de motos. Un socialiste convaincu. Un peu détraqué. Un casse-cou, un aventurier. On dit qu'il s'est battu courageusement à Vienne en février 34. Ensuite, il s'est enfui à Brünn. Puis il a rejoint nos rangs en Espagne. Que serait-il devenu plus tard ?

C'est étrange, me mettre justement à rêver de lui. Après tant d'années. Il n'y a rien de mal à rêver des morts. Mais pourquoi ne m'est-il pas apparu plus tôt ?

Dois-je raconter son histoire ? Veux-tu l'entendre ? Je te préviens, ce ne sont que des fragments de sa vie, et, dans ma tête, ils ne donnent de lui aucune image précise. Les années filent et, quand on se retourne sur le passé, il est trop tard pour distinguer le réel de l'imaginaire. Il vaudrait mieux que tu interroges d'autres personnes à son sujet. Même si la plupart ne pourront pas t'en dire beaucoup plus. En vit-il d'ailleurs encore un seul de ceux qui l'ont connu ? Tant ont péri. Et ceux qui n'ont pas péri sont morts dans leur lit, comme il se doit. Quant à ceux qui vivraient encore, ils ne peuvent pas se souvenir, parce qu'ils ne le veulent pas. D'ailleurs, même parmi ceux-là, ceux qui ne veulent pas se souvenir, tu n'en trouveras plus un seul qui l'ait connu.

Friemel. Friemel Edeltrude. Trude. Je ne suis parente d'aucun Rudolf Friemel. Mais ici, dans la maison, dans la cage de l'escalier 7, il y en a un qui s'appelle comme ça. Quel âge peut-il avoir, trente-deux, trente-cinq ? Plutôt trente-deux, et son père va sur les soixante. Autant que je sache, ils n'ont pas le téléphone.

– Dans notre famille, il n'y a pas de Rudolf. Depuis cent cinquante ans déjà. Vingt-huit Friemel, et pas un seul Rudolf. Je pratique la généalogie, c'est comme cela que je le sais. Cela m'intéresserait de savoir si celui-ci est né à Vienne. Car tous mes Friemel viennent de Silésie.

– Friemel, Maria. A résilié son abonnement le 30 juin.

– Non, Therese. Therese Friemel. Je ne connais pas de Rudolf Friemel. Je ne peux pas connaître tous les Friemel. Avez-vous déjà essayé à Graz ? On dit que là-bas, il y a encore des Friemel.

– Friemel ou bien Frieml. Ou bien avec un *i* bref : Frimmel. En Espagne, en France, en Pologne ? Non mais, dites donc, je ne suis pas une agence de voyages.

– Je me rappelle vaguement un Friemel. Je ne l'ai pas rencontré personnellement. Mais son nom avait été cité plusieurs fois au cours de réunions clandestines avec les leaders des Jeunesses socialistes révolutionnaires. Nous nous retrouvions dans la rue pour discuter d'actions communes, d'une manifestation illégale pour le Premier Mai, ou bien de la distribution de tracts, le jour anniversaire du soulèvement de février. Le nom de Friemel revenait toujours dans ces occasions-là. On savait qu'il existait. Il traînait quelque part dans le quartier de Favoriten. Il y a de cela soixante ans.

– Je n'ai qu'à tendre la main pour le trouver. Freytag, Friedmann, Friedrich, Friemel. Tout ce que j'ai pu apprendre sur lui est contenu dans le carton d'archives. En Espagne, il était affecté à la transmission, il posait des câbles pour la propagation des nouvelles. On appelait cela *Strippenträger*. Mais je ne l'ai connu qu'en France, au camp. Il ne m'a jamais fait une impression désagréable. Au contraire, c'était un chic type, un beau gars même.

– Je dirais : un homme à femmes. Une à chaque doigt. Je ne sais pas ce qu'elles lui trouvaient. Peut-être était-ce sa détermination, ce mélange de courage et d'innocence, son dévouement à une cause qu'il croyait juste. À moins qu'elles n'aient remarqué sur son front ou entre ses yeux une marque que nous, les hommes, ne pouvions voir. En tout cas, elles tournaient autour de lui comme des mouches.

– Aujourd'hui encore, je vois rouge lorsque j'entends son nom. Friemel m'a valu quelques nuits blanches. Pendant des heures, je surveillais son appartement, celui de son père et celui de sa sœur, qui était mariée à un certain Korvas, un élément radical lui aussi. Mais rien. Et le lendemain, j'apprenais qu'on l'avait vu dans l'un ou l'autre. Il était donc toujours bien là ! Il jouait au chat et à la souris avec moi. Mais, tôt ou tard, tout le monde se fait prendre. La loi a le bras long.

– C'était mon père. Je l'ai à peine connu. Les rares souvenirs que j'ai de lui ne sont plus très précis. Mais il doit y avoir encore quelque part une boîte à chaussures que j'ai héritée de mon grand-père. Elle contient des lettres et des photos. Pas beaucoup, si j'en juge par ce que j'ai pu en voir à la hâte. La seconde femme de mon grand-père était morte, il fallait rendre l'appartement, le syndic l'exigeait. À dire vrai, jusqu'à aujourd'hui, je n'ai pu me résoudre à ouvrir cette boîte.

Aujourd'hui, je rêverai aussi de ma sœur. Cela fait des années que je ne rêve pas, ou alors seulement de bêtises que j'ai déjà oubliées au réveil. Mais la plupart du temps, je n'ai même pas l'occasion de rêver, car l'homme qui dort avec moi ronfle toutes les nuits. Dans son sommeil, il tient des discours éloquents. Et je lui dis, Fernando, est-ce que tu vas te taire un jour ! Quand le calme revient enfin, je reçois immanquablement un coup dans les côtes, Marina, tu ronfles, me dit Fernando, et il se retourne dans le lit. Mais moi, je reste éveillée et je ne peux m'endormir jusqu'au matin. Maintenant, voilà ce que je voudrais : ni discours intempestif ni coup dans les côtes pendant deux nuits consécutives, pour que Rudi m'apparaisse au cours de l'une, et Margarita au cours de l'autre. Je crois que je la verrai en rêve, parce qu'elle est jalouse. Moi, je ne suis pas jalouse, c'est toi qui l'es, me dira-t-elle. Ne dis donc pas de bêtises, lui répondrai-je.

Pauvre Marga.

L'acte de naissance, établi par la paroisse de la Sainte-Famille à Neu-Ottakring. Né le 11 mai 1907 à Vienne, au numéro 9 de la Habichergasse, et baptisé le lendemain sous le nom de Rudolf Adolf. Le père : Clemens Friemel, catholique romain, valet de chambre, né le 21 décembre 1881 à Prague. La mère : Stefanie, née Spitzer, catholique romaine, femme de chambre, née le 20 décembre 1882 à Vienne.

Son diplôme de fin d'études, obtenu en trois ans à l'école de formation professionnelle pour mécaniciens, dans le 6e arrondissement de Vienne, au numéro 87 de la Mollardgasse.

Le certificat prouvant qu'il a réussi avec la mention « bien » l'épreuve de compagnon, le 4 juillet 1925.

Son permis de conduire, pour poids lourds avec moteur à explosion et side-cars.

Des attestations de l'entreprise Steyrermühl, de la coopérative laitière OEWA, du quotidien *Neues Wiener Tagblatt*, et de la Société productive des bouchers viennois. Selon ces papiers, il a toujours travaillé consciencieusement et n'a été licencié qu'en raison de la mauvaise situation économique.

Les photos. Sur la première, une jeune fille en robe d'été, avec des bracelets et un bandeau sur le front : ma tante. Elle a des yeux sombres. Sourit-elle ? Pas vraiment. Elle tient dans ses bras des rameaux en fleur. Des forsythias, ou des pieds-d'alouette. Je ne peux pas distinguer grand-chose. La photo est légèrement sous-exposée. Au dos, on peut lire : « Ta sœur Steferl, le 17.11.1923. 1er prix de beauté. »

Ensuite, trois photos de mon père, prises dans un studio. Je trouve que je lui ressemble. Même si je suis plus grand, plus robuste et beaucoup plus âgé qu'il ne l'était alors. Et si j'ai le menton arrondi de ma mère, mon front haut et mes cheveux ondulés, abondants, sont de lui. Seul son regard diffère : pas arrogant, mais un peu provocant, rebelle. Un jeune homme vigoureux en costume et cravate, tantôt assis, tantôt debout, tantôt nue-tête, tantôt équipé d'un chapeau et d'une canne. C'était en mai 1927, le jour de son vingtième anniversaire. Je ne sais pas ce qui me dérange dans ces photos. Peut-être l'élégance du vêtement ou l'éclairage artificiel, ou encore le décor oriental. La façon dont il fixe l'objectif, ou la certitude que je ne serai jamais aussi bien que lui. Sur la troisième photo, il porte une veste en laine. Là, il me plaît mieux, même s'il a l'air plus sérieux. Il paraît moins distant. Il pourrait m'accepter comme je suis.

Ma mère. Un instantané. Elle semble épuisée. Dans sa jeunesse, elle était joyeuse. Elle aimait rire, elle sortait beaucoup et faisait même partie d'un orchestre de mandolines. Puis le goût du rire lui est passé.

Dix ou douze poèmes, en partie écrits à la main, en partie tapés à la machine. Je ne savais pas qu'il écrivait des vers. D'habitude, je ne lis pas de poèmes. Mais ceux-ci me plaisent. Ils sont rimés et pleins d'humour. Enfin, pas tous, certains sont sérieux. Il y en a un sur la fugacité des saisons, un autre sur une pauvre orpheline qui finit par se prostituer, un troisième sur une bien-aimée laissée au loin, deux sur le désir nostalgique de me revoir : « Mon petit garçon », « À Norbert ! » Il a de toute évidence écrit ces deux poèmes pendant son exil. Il pensait donc bien à moi. « J'entends en rêve et à l'état de veille ton rire cristallin d'enfant. » Il y a aussi des poèmes politiques évoquant le peuple enchaîné, la lutte pour la liberté, le déploiement victorieux du drapeau pourpre.

Le rouge est aujourd'hui encore ma couleur préférée, lui dirai-je. Car je suis née Rouge, à l'époque de la grande révolution d'Octobre, et Rouge je descendrai dans la tombe. Je n'en ai aucun mérite, cela s'est produit tout naturellement, je n'ai choisi ni mes parents ni les circonstances de ma naissance.

Ma mère est originaire de Madrid. Son père était José Rey, une figure de proue pour les socialistes, le numéro deux derrière Pablo Iglesias. Il est mort prématurément. Ma grand-mère aussi. À cinq ans, ma mère était déjà orpheline. Elle taillait des chemises. C'est une tante qui lui avait appris le métier.

Mon père a grandi à Minorque. Les Ferrer avaient des ancêtres juifs. Ils ont donc été persécutés à un moment ou à un autre. Cela ne les a pas empêchés de courir après la soutane et de faire cause commune avec les riches commerçants de l'île. Mon père a été le premier à rompre avec tout ça. À dix-sept ans, il est parti faire ses études à Madrid. Une place s'est alors libérée dans l'administration des Douanes, avant son inscription à l'Université. Il a gagné le concours et pris le poste. C'est ainsi qu'il a financé ses études. Ses parents, qui gagnaient une fortune avec leur pharmacie, lui en voulaient. Ils ne lui ont jamais donné un douro parce qu'il avait des idées révolutionnaires, différentes des leurs, et qu'il faisait de grands détours devant les églises. Durant ses études, il habitait la Calle Montera – là où se trouvent aujourd'hui les prostituées – dans une pension où ma mère faisait la plonge. C'est ainsi qu'ils ont fait connaissance. Ma mère avait alors huit ans.

Neuf ou dix ans plus tard, il a frappé à la porte d'un magasin de la Calle Encomienda, à l'angle de la Mesón de Paredes. Un endroit plutôt mal famé, encore aujourd'hui. C'est là que les anarchistes se réunissaient. Ma mère était l'amie de la sœur de l'un d'entre eux. Et, ce soir-là, elle était par hasard en visite chez son amie lorsque les anarchistes, parmi lesquels mon père, s'y sont retrouvés. Ils ont eu aussitôt le coup de foudre l'un pour l'autre. Comme toi et Margarita, dirai-je à Rudi. Mon père avait neuf ans de plus que ma mère. Rudi était lui aussi légèrement plus âgé que Margarita.

Comment t'appelles-tu, a demandé mon père.

Rosario.

Ah bon, vraiment ? J'ai connu une Rosario, autrefois.

C'était moi.

C'est ainsi que tout a commencé.

Tout a commencé par la rencontre de mes parents après le défilé de mai des sociaux-démocrates. C'était en 1930, au Prater. Ma mère s'appelait Pauline, Pauline Fucka, mais tout le monde disait Paula. Elle sympathisait avec le parti, mais elle n'était pas aussi engagée que lui. Il était conducteur de *monus*, il livrait des journaux. Un monus était une motocyclette à trois roues, deux à l'avant, surmontées d'une caisse pour les journaux, une à l'arrière. Il n'était employé qu'à la journée et se retrouvait souvent au chômage. Ma mère était vendeuse aux établissements Hammerbrot. Puis elle a été licenciée à son tour. Je me souviens être allé un jour avec elle chercher l'allocation de chômage, qui se montait à douze schillings. Lors du trajet de retour en tramway, nous avons égaré cette somme. Ma mère était désespérée. Sa sœur, qui vivait seule, nous a tirés d'embarras. Elle nous aidait tout le temps. Il faut dire qu'il n'était jamais là. Et quand il était là, exceptionnellement, je n'avais rien à craindre. Il était toujours gentil avec moi. Il est vrai qu'il prenait parfois un ton cassant, mais je n'ai jamais reçu de gifle de lui. Il ne s'est jamais soucié de mon bien-être pour autant. C'est ma mère qui en portait tout le poids, il ne l'a jamais soutenue financièrement. Elle n'y attachait d'ailleurs aucune importance.

Pour mère, la fille d'un dirigeant socialiste, pour père, un anarchiste devenu communiste. Nous avons vraiment de qui tenir. Je venais d'avoir quatorze ans lorsque j'ai assisté à ma première réunion. C'était en 1931 ou 1932. Plutôt 1932, janvier 1932. À l'époque, les leaders ouvriers avaient une façon particulière d'envisager la lutte des classes. Impitoyable, et peut-être aussi un peu naïve. Ils s'en prenaient à la bourgeoisie, qu'il s'agissait d'abattre. Pendant la séance, ils ont dit qu'on reconnaissait le bourgeois à son chapeau (et j'ai été effrayée, car mon père en portait un), à sa canne (et j'ai été de nouveau épouvantée, car mon père en avait une), à sa cravate (et, horreur, mon père en portait également une). Ils ont dit que les bourgeois suçaient le sang des ouvriers. J'étais paralysée, véritablement paralysée. Je ne pouvais sortir un seul mot. Je n'osais fixer mon regard sur personne. Je tremblais de peur à l'idée que quelqu'un ne s'exclamât : Regardez, c'est la fille d'un suceur de sang qui est assise là-bas. Tuez-la !

Dans la boîte à chaussures de mon grand-père, j'ai trouvé un rapport de la direction de la police fédérale de Vienne dans lequel toute une série de peines sont énoncées. Tribunal pour la jeunesse de Vienne, 19.5.1924, d'après le § 460 du Code pénal : cinq jours de détention avec sursis. Tribunal d'instance du 1er arrondissement, 16.7.1926, d'après le § 431 du code pénal : quarante-huit heures d'emprisonnement. Tribunal de grande instance du 1er arrondissement, 6.4.1933, d'après les § 197, 199d du Code pénal : quatorze jours de détention avec sursis jusqu'au 6 avril 1935, suites judiciaires comprises. Tribunal d'instance du 10e arrondissement, 2.1.1934, d'après le § 411 du Code pénal : amende de seize schillings et, en cas de non-paiement, vingt-quatre heures d'emprisonnement. Il est également mentionné que mon père a été arrêté sur sommation, le 21 novembre 1932, pour avoir porté atteinte aux bonnes mœurs en insultant un passant qui lisait une affiche nationale-socialiste, puis relâché après arrangement à l'amiable au poste de police. Friemel, précise le rapport, portait l'insigne du parti social-démocrate, tandis que le requérant n'en portait aucun.

Je ne savais rien de cela. Je n'avais connaissance que d'une seule condamnation. Mon père s'était fabriqué une motocyclette et voulait l'essayer. Dans ce but, il avait bricolé une plaque minéralogique en carton. Un agent de police l'avait arrêté et avait dressé procès-verbal. Je croyais que cela s'était passé après ma naissance, alors que l'accident a eu lieu avant, en 30 ou 31. Mes parents étaient partis sur leur moto. En Styrie, mon père est passé sans s'en rendre compte sur un chantier non éclairé. La moto a versé brutalement, ma mère s'est fracturé le bas du crâne et s'est cassé toutes les incisives. On lui a ainsi posé un bridge dès l'âge de vingt-quatre ans, et elle l'a porté jusqu'à soixante ans. C'est alors seulement qu'un dentiste lui a mis une prothèse.

À sa sortie d'hôpital, le médecin lui a dit : Ne remontez plus jamais à l'arrière d'une moto, et elle a répondu : Regardez par la fenêtre, il est déjà là. Elle a rejoint mon père sur sa moto, et ils ont démarré en trombe, direction Favoriten, leur domicile.

Favoriten était une vraie croix pour ceux qui devaient y faire régner le droit et l'ordre. Ou bien on s'y battait et on s'y soûlait, ou bien on y faisait de la politique et on s'entre-tuait. Dans les deux cas, le résultat était le même. Il fallait sortir du poste de police, aller sur les lieux, dresser le procès-verbal, entendre les témoins et procéder à des arrestations. Tout cela ne se passait jamais sans injures ni railleries. Les témoins n'avaient rien vu, les délinquants résistaient ou s'enfuyaient avant d'être arrêtés. Les voies de fait étaient monnaie courante. Sale flic, dégage ou je t'écorche vif. Plus d'une fois, ils m'ont arraché mon bonnet. Quand je me penchais pour le ramasser, ils mettaient le pied dessus. En ricanant. Ils étaient vingt, nous étions deux. Même les enfants étaient excités. Et les femmes. Les vieux. Les chômeurs. Les ouvriers de la tuilerie de Oberlaa. La racaille rouge, sur laquelle les bonzes du parti, à la mairie, posaient leur main protectrice. Le week-end, le *Schutzbund*[1] se déployait dans le quartier en tenue militaire et en armes, faisait l'exercice sur le Laaerberg, et nous avions le droit de regarder. Mais, en 33, une page a été tournée. Dollfuss a suspendu le Parlement, introduit la peine de mort, interdit le *Schutzbund*. Nous avons su que c'était le moment d'agir. Ils étaient dans l'impasse. Nous devions les achever. Nous avons reçu l'ordre de dénicher les endroits où ils cachaient leurs armes. Dans les bureaux de section, nous avons retourné le charbon à coups de pelletées. Et, naturellement, nous n'avons rien trouvé. Noirs des pieds à la tête, humiliés, c'est ainsi que nous avons levé le camp après des heures, sous les moqueries. Ah, mon poulet, t'as nettoyé le conduit de la cheminée. Plus tard, comme ils étaient pris à la gorge, ils ont commencé à frapper. Mais le pouvoir était sur ses gardes. Et l'envie de rire leur est vite passée.

Friemel était l'un des meneurs. Un individu particulièrement rebelle, mais qui, je tiens à le dire, a combattu à visage découvert. Il y en a d'autres qui ne se sont pas réellement mouillés. Qui ont ouvert leur grande gueule, mais qui se sont ensuite défilés. Personne ne peut lui faire ce reproche. D'ailleurs, on aurait eu toutes les raisons de le pendre. Au cours des combats du 12 février 1934, alors qu'il dirigeait une formation de réservistes du *Schutzbund*, il a blessé mon collègue, l'inspecteur de secteur Schuster. C'était dans la Kudlichgasse, vers dix-sept heures, devant le salon de coiffure Sobotka. Un tir dans le ventre, à bout portant. Un deuxième membre du service de sécurité,

1. Littéralement : Groupe de protection (NdT).

l'*Oberwachmann* Reimer je crois, s'en est tiré avec deux balles dans la cuisse. Mais Schuster, lui, est mort le lendemain. Pour sûr, les Rouges ne reculaient devant rien. Friemel a échappé à son arrestation en prenant la fuite. Il est passé en Tchécoslovaquie, et de là a entretenu une importante correspondance que nous avons en partie interceptée ou que les destinataires nous ont transmise directement. Sa femme elle-même aurait livré un de ces courriers aux autorités. J'ignore si c'est exact ou non. Je savais cependant que les Friemel ne s'entendaient pas très bien. Il y avait même dans l'arrondissement une jeune femme dont on disait qu'elle était la maîtresse de Friemel. Je ne sais pas si elle l'était réellement. Mais, en tout cas, nous avons trouvé chez elle du matériel de propagande illégal.

Nous n'avons mis la main sur Friemel qu'à la fin du mois d'août. Cela a été sa chance. La situation politique avait changé entre-temps, on avait déjà statué pour l'exemple, on ne se préoccupait plus tant des socialistes que des nazis, qui devenaient de plus en plus nombreux. En outre, Friemel s'est défendu devant le tribunal d'une façon particulièrement habile. Il était conscient de sa valeur, ça, on peut le lui accorder, et cela a visiblement plu au juge. L'accusation pour meurtre a été abandonnée, et il s'en est tiré avec une simple peine de prison pour rébellion et violence sur la voie publique. Le procès a suscité un intérêt assez vif. Je me souviens que, la nuit qui précéda la sentence, nous avons mis la main sur des communistes qui distribuaient des tracts dans le quartier de Favoriten : « Sauvez le leader du *Schutzbund* Rudolf Friemel de la prison à perpétuité ! », « À bas le fascisme italien ! »

Après l'annonce de la sentence, je crois que Friemel a été incarcéré au pénitencier de Stein puis transféré à Wöllersdorf. Je ne sais pas ce qu'il est devenu par la suite, s'il a été pour les nazis ou contre eux… Ce n'était pas un Juif. En ce qui me concerne, je me suis plutôt bien entendu avec les nazis. J'ai même collaboré avec eux.

Lorsque nous étions encore enfants, ma sœur et moi, mon père se retirait tous les jours à midi dans notre cuisine avec quelques ouvriers. Ils y lisaient alternativement *Le Capital* et la Bible. Les jours pairs, il interprétait Marx, les jours impairs, l'Écriture sainte.

Mon père était biologiste et médecin. Il avait étudié ces deux disciplines et n'était pas loin de terminer ses études d'astronomie. Comme médecin, il n'a exercé que pendant la guerre, l'après-midi, de deux à six. Son domaine d'élection était la biologie. Il était spécialisé dans les organismes unicellulaires. Le diable sait ce qu'il leur trouvait. Les organismes pluricellulaires l'ennuyaient. Mais, pour une cellule unique, il laissait tout tomber. Il a beaucoup voyagé, en Angleterre, en Allemagne, il est allé jusqu'à la mer Rouge. Et même en Inde. Tout cela pour ses chères cellules. Il a également écrit de nombreux livres. L'Institut océanographique lui a offert une chaire, et nous avons déménagé à Barcelone.

Comme biologiste, il jouissait d'une renommée mondiale. Hitler a réclamé une photo de lui des années après sa mort, et mon grand-père l'a envoyée à Berlin. Et voilà comment le portrait d'un anarchiste espagnol, communiste, et, qui plus est, présentant des ancêtres juifs, se retrouva accroché au musée d'Histoire naturelle des nazis ! Je préfère ne pas imaginer ce qu'il en aurait dit.

Ma mère n'a jamais été à l'école. Elle était très appliquée, c'était une bonne ouvrière, mais, pour parler franchement, ce n'était pas une lumière. Elle n'avait pas inventé la poudre, si j'ose dire, malgré tout le respect que je lui dois. Je me souviens qu'un jour mon père lui a expliqué le système solaire. Il essayait de lui faire comprendre que la Lune tournait autour de la Terre, qu'elle était très loin et très grande. Et voilà qu'elle lui demande : Grande comment, comme cette cuve à lessive ? Une femme adulte ! Elle était très timide, très craintive, car enfant elle avait eu la vie dure. Mais pas après.

Ma sœur était tout son portrait. Margarita était timide, peu sûre d'elle, très féminine. Elle a toujours laissé les autres prendre les décisions à sa place. Pourtant, elle savait être assez têtue. Elle obtenait toujours ce qu'elle voulait. Même si elle devait biaiser pour cela.

Je pense que mon père plaçait la politique au-dessus de la famille. Ma mère ne l'a pas suivi dans cette voie. C'est ainsi qu'ils se sont éloignés l'un de l'autre. À ce qu'on dit, mon père était assez léger avec les femmes. Il semble qu'il ait toujours eu des liaisons passagères, et l'inimitié entre ma mère et mon grand-père est née de là. Ils ne se sont plus adressé la parole. Elle le jugeait responsable des infidélités de mon père, elle pensait que c'était par son intermédiaire qu'il rencontrait d'autres femmes. Je ne sais pas dans quelle mesure cela est vrai.

Mon grand-père habitait en face de chez nous, dans la Ernst-Ludwig-Gasse. De notre appartement, on pouvait voir le sien, et mon grand-père s'était mis d'accord avec mon père pour placer quelque chose à la fenêtre en cas de perquisition ou d'arrestation. Je ne sais plus quoi exactement. Mais je me souviens encore avoir vu un jour mon père se lever, enfiler son pantalon, regarder par la fenêtre et crier : Nom de Dieu, ils sont là ! Il a pris sa ceinture et l'a jetée violemment sur le lit. Cela m'a marqué.

Sinon, je n'ai que des bribes de souvenirs. Le matin, quand je me levais, sa première question était : Où est ton mouchoir ? C'était en quelque sorte mon devoir de respecter l'étiquette. J'avais un pyjama avec une poche sur la poitrine et le mouchoir devait toujours s'y trouver. J'ai une lettre de lui où il écrit à ma mère de ne pas me gaver, de m'alimenter rationnellement, et il lui donne diverses instructions sur la façon dont je dois me comporter : faire de la gymnastique, saluer à haute voix et marcher la tête haute.

Mon père est revenu encore une fois à la maison. Ils se sont disputés, de plus en plus violemment, et mon père a fini par dire à ma mère : Je vais te tirer dessus ! Elle s'est moquée de lui : Ah oui, avec une saucisse ?

Il est resté deux jours avec nous cette fois-là, puis il nous a quittés pour de bon. Je crois que c'était début 38, quelques semaines avant l'entrée des troupes allemandes.

Mon frère Paco et moi-même étions très politisés. Margarita, elle, ne l'était pas ; elle ressemblait plutôt à notre mère, réservée et peureuse. Paco avait fait des études de géologie. Moi, je voulais devenir professeur. Mais la guerre civile a commencé. Paco était très asthmatique, ce qui ne l'a pas empêché de partir au front avec la milice. Il a été recruté ensuite par le service des renseignements soviétiques. Il lisait tous les journaux espagnols et choisissait les articles qui devaient être imprimés en Russie. Margarita avait suivi des cours dans une école de commerce. Elle tapait très vite à la machine. C'était à peu près tout ce qu'elle était capable de faire. Elle était fâchée avec les chiffres. Cela la rendait malade, je ne vaux rien, je suis bête, mais non, Marga, tu as d'autres talents, à chacun ses compétences.

Je voulais travailler pour la Résistance. C'est pourquoi, dès la déclaration de guerre, j'ai accepté un poste d'enseignante à Orfelinato Rivas, à Barcelone. Rivas, qui était un orphelinat avant la guerre, avait été transformé en hôpital militaire et prenait en charge les miliciens blessés à la tête. J'y travaillais tous les jours dans le service du docteur Ley, un chirurgien. Beaucoup de patients avaient perdu la vue. Ils essayaient de ne rien laisser paraître, mais je savais ce qu'ils ressentaient. Ils étaient désespérés et attendaient la première occasion pour en finir. Ils avaient besoin d'un lien avec le monde extérieur. J'ai réussi à trouver un professeur qui leur a enseigné le braille. Ils ont ainsi appris à se débrouiller par eux-mêmes. Pendant qu'ils se familiarisaient avec les caractères de l'alphabet braille, je m'occupais des autres malades qui, s'ils voyaient, souffraient d'une autre forme de cécité. Il y avait tant d'analphabètes parmi les miliciens. Leur nombre était terrible. Plus tard, en prison, j'ai eu à nouveau l'occasion d'apprendre à lire et à écrire à des concitoyens. Cette fois, mes protégés étaient des femmes, incarcérées comme moi. L'Espagne, ce pays maudit par Dieu, était frappée du fléau de l'ignorance.

Margarita travaillait comme secrétaire pour notre père. Il passait l'après-midi dans son cabinet, mais consacrait sa matinée à ses recherches. Il donnait aussi quelques cours magistraux. Son institut se trouvait sur le port et il emmenait Margarita avec lui, elle était sa fille préférée. Elle tremblait, car le port était quotidiennement bombardé. Mon hôpital, lui, était épargné. Il était perché sur la montagne.

En Espagne, il n'y a eu de femmes soldats que pendant les premiers mois qui ont suivi la déclaration de guerre. Cela s'est arrêté, fin 36, avec la mise en place d'une armée populaire régulière. Les femmes n'ont été ni mobilisées, ni appelées sous les drapeaux, ni envoyées au front, même celles qui le demandaient avec insistance. Une bonne décision, sans aucun doute. Il me suffit de penser à ce qui se passait dans les tranchées. C'était l'horreur. Je ne parle pas seulement des poux. La tranchée, c'est ta maison, tes latrines, ton lit et ta buanderie. Mais tu n'y es jamais tout seul. Il y a toujours quelqu'un pour te regarder. Tu t'accroupis, tu défèques, puis tu prends une pelle et tu jettes les excréments à l'extérieur. Voilà la vie dans les tranchées. Quand tout est calme sur le front, tu cherches tes poux. Tu ne peux pas te laver, parce qu'il n'y a pas d'eau, à moins que tu n'ailles en chercher la nuit. Si tu joues de malchance, tu te fais repérer par un tireur d'élite. Pardon, mais tous ces chants qui magnifient la vie de soldat, ce n'est que du baratin ! La belle vie de soldat, c'est de la merde. Du fumier. Une saloperie. Le matin, tu te lèves à côté de ton camarade, le soir, il n'y a plus personne. Il est mort. Les boyaux arrachés. Ou mutilé. Mais laissons cela. Je n'ai pas besoin de m'étendre là-dessus. Friemel, lui aussi, l'a vécu.

Margarita et moi avons fait la connaissance de Rudi en même temps. Il était venu en Espagne pour lutter contre Franco, au sein des Brigades internationales. Son bataillon se trouvait sur l'Èbre au printemps 38. Un jour, on a demandé aux *Mujeres Antifascistas* de rendre visite à un cantonnement des Brigades internationales à Falset, sur le front est. Cela arrivait souvent. C'était notre devoir de distraire les soldats, de les détourner de leurs tristes pensées, de leur faire oublier, au moins pour quelques heures, la guerre et son quotidien. Ma sœur aimait participer à de telles expéditions. Moi pas, je détestais cela. Ce jour-là, je m'y étais jointe pour la seule et unique fois. Nous devions être une centaine de jeunes filles et de jeunes femmes, réparties dans quatre ou cinq camions. Il nous fallait sans cesse nous arrêter sur la route à cause d'une alerte aérienne, d'un tir ennemi. Avant notre arrivée, les hommes avaient déjà installé une longue table avec une petite collation qu'ils avaient épargnée sur leurs réserves. Cela m'a fait vraiment mal. Car ils se battaient pour nous et n'avaient rien à se mettre sous la dent, et nous, nous arrivions de l'arrière-pays, coquettement vêtues, tirées à quatre épingles, et nous nous laissions choyer. Ah, si nous étions seulement venues avec des fusils ! Si nous avions pu combattre à leurs côtés !

C'étaient des volontaires de tous les pays du monde. Des Hongrois, des Hollandais, des Allemands, des Polonais, des Américains du Nord. Communiquer n'était pas un problème. Ils apprenaient très vite l'espagnol. Avec quatre mots, ils pouvaient déjà se défendre. L'un d'entre eux sortait continuellement un petit dictionnaire de sa poche, un Autrichien. Rudi. C'était le plus gai de tous.

Tu te réjouis de leur visite, bien sûr. Tu te réjouis déjà d'avoir seulement le droit de regarder une femme. Tu te réjouis aussi des cadeaux qu'elles ont apportés, des cigarettes et du chocolat, bien que ta conscience te pèse, parce que ces présents sont des produits devenus rares, dont elles se sont peut-être privées, et que l'on ne trouve presque plus en ville, mais que toi, à la relève de ton unité, lorsque tu pars au repos pour quelques jours, tu peux t'offrir sans problème avec ce que tu as économisé sur ta solde. Tu te réjouis, et tu regardes, et tu écoutes, puis la partie officielle de la visite est terminée, et, alors qu'elles n'attendent peut-être que cela, tu n'oses pas aborder les jeunes femmes, parce que tu n'es encore qu'un blanc-bec, ou alors tu n'oses pas parce qu'elles sont fiancées ou même mariées, ou bien parce qu'elles ont la repartie facile, ce qui te plaît, mais en même temps t'inquiète, ou bien parce que tu n'es plus un blanc-bec, mais que tu veux rester fidèle à la jeune fille qui pense probablement à toi à cet instant en Autriche ou quelque part en exil, ou bien parce que tu as des principes qui passent en premier, comme être vigilant dans la lutte contre le fascisme, vigilant et discipliné, et c'est pourquoi tu restes planté encore un peu après que les drapeaux ont été amenés et que les chants se sont tus, tu fumes une des cigarettes que l'on t'a apportées, souris confusément, te dégourdis les jambes et te retrouves, malgré toi, de nouveau dans ta tranchée, où tu saisis tes jumelles de campagne et scrutes l'horizon par-dessus les collines grises et dénudées, à la recherche de Junkers et de Caproni, car, te dis-tu, prudence est mère de sûreté. Et tu distingues à peine les voix hautes des voix basses, le rire des ricanements qui surgissent de temps à autre, tu n'entends même plus le démarrage et le vrombissement des moteurs. La guerre a repris possession de toi.

Mais laissons cela. Friemel, lui aussi, l'a vécu.

À quatre heures, nous avons reçu l'ordre de lever le camp. Nous avons dû rentrer. Chevaleresques comme ils étaient, ils nous ont encore aidées à grimper dans les camions. Rudi m'a embrassée au moment des adieux. C'est là qu'il m'a dit qu'il était tombé amoureux de ma sœur. Je n'avais jamais eu la langue dans ma poche. Ah, ai-je dit, Cupidon a encore décoché une de ses flèches. Il a ri, feuilleté son dictionnaire. Ah, toi, tu as la langue bien pendue ! Cela m'a beaucoup plu. Il m'a été tout de suite sympathique. Car il avait le sens de l'humour.

Margarita, elle aussi, était amoureuse. Elle me l'a avoué dès le trajet du retour. Cupidon avait donc décoché deux flèches. L'une sur Rudi, l'autre sur ma sœur. Il avait fait mouche. Je ne trouve pas d'autre explication à un amour se déclarant en moins de quatre heures. Bien qu'il n'y eût rien d'étonnant à cela. Tu étais tout à fait charmant, Rudi. Et très séduisant. Tu avais tout d'une star de cinéma. Toujours le sourire aux lèvres, aimable, bien bâti, ni trop grand ni trop petit. Mais pourquoi donc n'es-tu pas resté en France ? Tu étais vigoureux, tu avais du travail, vous vous en seriez sortis.

Je n'ai fait la connaissance de Friemel qu'au moment de la retraite des Brigades internationales. C'était à Bisaura de Ter. Là-bas, en Catalogne, je suis devenu membre du parti communiste. J'ai commencé à m'impliquer davantage dans la politique et j'ai rencontré les socialistes, j'ai discuté avec eux, et aussi avec Rudi Friemel. C'était un brave gars et un contact important. J'étais surpris de voir à quel point il comprenait bien la situation. C'était un sale moment. Nous étions des pions sacrifiés sur l'échiquier politique. Le gouvernement de la République espagnole nous avait éloignés du front et remis entre les mains d'une commission internationale. Il voulait gagner les bonnes grâces des États démocratiques : Vous voyez ! De notre côté, il n'y a pas d'intervention étrangère ! Franco, lui, s'appuyait sur des mercenaires marocains, des soldats de Mussolini, la légion nazie des Condors. Mais le calcul de notre gouvernement était faux. Le combat du peuple espagnol était devenu depuis longtemps indifférent aux puissances étrangères. Elles voulaient juste tirer leur épingle du jeu. Elles allèrent jusqu'à fermer leurs frontières. Seul le Mexique était prêt à nous accueillir, son gouvernement affréta même un bateau pour nous à Bordeaux, mais il manqua visiblement de courage. Nous ne savions pas ce que nous allions devenir. Notre état d'esprit s'en ressentait. Mes propres camarades manquaient à toute discipline. Je débusquai sur le toit un de nos dirigeants qui jouait aux cartes jour et nuit. Deux autres en vinrent aux mains pour une bagatelle. Un quatrième veillait à garder constamment devant les yeux une bouteille de vin pleine. Friemel, par contre, ne se laissait pas abattre. En tout cas, je ne l'ai pas remarqué. Il était toujours de bonne humeur, enjoué, presque euphorique. Il s'absentait souvent. Quand il rentrait, son visage rayonnait.

À l'époque, nous habitions la Calle Villamarí. Rudi passait un coup de fil chaque fois qu'il était à Barcelone et prenait rendez-vous avec Marga. Je devais alors l'accompagner jusqu'au premier carrefour, où il l'attendait déjà. J'étais, comme qui dirait, le « chaperon ». Un baiser, une poignée de main, et je les laissais. Jusqu'à neuf heures. Car, à neuf heures tapantes, nous devions être à la maison. Mes parents ne se doutaient de rien. Mais voilà qu'un beau jour on sonne à la porte, mon père va ouvrir, et il tombe sur Rudi, qui lui demande la main de sa fille. Il voulait emmener Marga immédiatement.

Quand cela a-t-il bien pu se passer ? Les Internationaux ont été rapatriés du front à l'automne. C'était un peu avant, en septembre donc, septembre 38.

Mon père le voyait pour la première fois. Il se trouve soudain devant un homme qui baragouine l'espagnol, a passé la trentaine et donc a presque dix ans de plus que ma sœur. Sans prendre de gants, il l'a purement et simplement congédié.

Ma sœur a poussé des hurlements. Elle était follement amoureuse. Mais elle était aussi l'enfant chérie de mon père, et on ne peut rien attendre d'un père qui s'est entiché de sa fille. L'amour aveugle de mon père pour Marga remonte à ma naissance. Marga était mon aînée de quatorze mois. Quand ma mère s'est retrouvée enceinte de moi, elle a sevré Marga. Mon père lui a alors donné le biberon. Toutes les nuits. C'est ainsi qu'il s'est pris d'une telle affection pour elle. Il ne voulait pas céder ce qui était le plus cher à son cœur, et surtout pas à un inconnu qui allait droit au but. Mon père avait pourtant les idées larges. Mais il appartenait à une autre génération. Un exemple : la veille de la guerre civile, le 17 juillet 1936, j'étais rentrée à la maison à vingt et une heures cinq au lieu de vingt et une heures. Mon père m'a flanqué une gifle qui m'a fait valser à l'autre bout de la pièce. Mais, dès le lendemain, il me donnait les clés de l'appartement. Je devais, en effet, aller chercher mon frère sur le front, derrière les barricades.

Ma mère n'avait pas son mot à dire. Mais vraiment pas du tout. C'était comme cela autrefois. Les hommes se permettaient toutes les libertés. Mais les femmes… Ah, les femmes ! À neuf heures, à la maison, à minuit, au lit.

C'était à Alfambra, au nord de Teruel, tout près du front. La place principale servait de lieu de promenade. Les garçons et les filles en faisaient le tour. Les uns de gauche à droite, les autres de droite à gauche. Quand ils se croisaient, ils s'interpellaient. Rien de plus ! Pas une jeune fille ne se mêlait aux garçons, pas un garçon aux filles. Ils ne faisaient que tourner en rond. Et toi, tu regardais, sur la place de Alfambra.

C'était à Castelseras, à vingt kilomètres à l'arrière du front. La population avait accueilli le quatrième bataillon avec enthousiasme, c'était la sensation du moment. Des étrangers ! Des internationaux ! Des Russes ! La nourriture était bonne et abondante ; d'ailleurs, tout le village s'était converti au collectivisme, les anarchistes donnaient le ton. L'argent n'avait pas de valeur, mais les internationaux avaient le droit de payer en pesetas. Lorsqu'ils ont fait leur entrée, une femme s'est approchée de moi, de moi et d'un autre, et nous a demandé si nous cherchions un logement, car elle avait une belle pièce à nous proposer. Nous l'avons suivie. Ils habitaient une maison près de l'église, la femme, le mari et leurs deux filles, qui pouvaient avoir dix-huit et vingt ans. Celles-ci nous ont laissé leur chambre, nous y avons déposé nos affaires, et alors la femme a dit : Bon, vous allez nous honorer de votre présence pendant quelques jours, mes filles vont essayer de rendre votre séjour aussi agréable que possible. Si vous le souhaitez, vous pouvez sortir avec elles, mais pas plus ! Et pour le cas où vous auriez des besoins, il y a ici dix pesetas et, en bas de la rue, un bordel. Elle nous a dit ça devant la famille au grand complet, devant ses filles. Celles-ci n'en ont pas été choquées le moins du monde. On pouvait parler de tout avec les jeunes filles, des choses les plus intimes, tandis qu'une femme de chez nous aurait rougi et se serait exclamée : Voyons, ça ne se dit pas ! On avait le droit de bavarder, seulement de bavarder, rien de plus. C'était ainsi, à l'époque, à Castelseras.

À Sitges, à quarante kilomètres à l'arrière du front, je me suis rendu un soir dans un bordel par pure curiosité. J'ai bu un café, mangé un morceau de gâteau et discuté avec les filles, qui voulaient tout savoir sur moi et qui étaient très calées en politique, plus que la moyenne. Lorsqu'elles ont demandé ensuite, alors, *compañero*, on monte, je leur ai fait signe que non, merci, je suis fatigué, c'est tout, et elles n'ont pas insisté, dans ce bordel de Sitges.

C'était à l'endroit où l'Èbre fait un coude, juste au niveau du front. Un soldat m'a tapé sur l'épaule, regarde, Sargento, là, en face, il y a un bordel. Et il montre du doigt une petite grange d'argile blanchie à la chaux. J'y cours, les soldats y font la queue. Je défonce la porte ou la grille d'un grand coup, il n'y a d'ailleurs peut-être même plus de porte dans les gonds rouillés, je vois un peu de paille éparse sur le sol et quatre femmes, une dans chaque coin, et sur chacune d'elles un homme au pantalon baissé. À la porte, en tête de file, se tenaient deux hommes, des civils, qui encaissaient. J'ai fait emmener les deux souteneurs et les quatre femmes, et j'ai renvoyé les soldats à leur poste. Je me suis demandé un instant encore comment ils avaient réussi à traverser l'Èbre sans être inquiétés. Rien de plus.

Il y a eu plusieurs engagés volontaires qui se sont liés avec des Espagnoles. C'était une situation singulière : nous étions en contact avec des femmes, surtout avec l'Organisation des femmes de Barcelone, qui, pour ainsi dire, nous parrainait. Je me souviens qu'un jour on nous a envoyés au front, puis repliés, et elles nous ont alors rendu visite. Mais les jeunes filles n'étaient absolument pas accessibles. Les femmes l'étaient, éventuellement. Pour les relations sexuelles, je veux dire. Avec les jeunes filles, tu pouvais tout te permettre sauf coucher. C'était un principe bien ancré. Après la guerre, à Paris, j'ai été plutôt étonné quand je me suis retrouvé avec des Espagnoles, là, c'était bien différent. Mais, à l'époque, tu n'avais vraiment une chance avec les jeunes filles que lorsque tu leur promettais de les épouser. Et il y avait quelques Autrichiens qui étaient prêts à se marier avec celles dont ils avaient fait la connaissance. Je ne peux me rappeler aucun cas concret. Cela n'était pas si important pour moi. Nous veillions à ne pas donner de nous une image défavorable, nous restions donc réservés à l'égard des femmes aussi longtemps qu'elles-mêmes ne prenaient pas les devants. Mais, comme je l'ai déjà dit, quelques-uns se sont engagés dans une liaison durable. Il semble que Friemel se soit même marié à ce moment-là. Pendant qu'il était encore en Espagne.

Je sais, lui dirai-je, tu aurais épousé Marga sur-le-champ. Car tu l'aimais, tu l'aimais vraiment. Je peux en témoigner, même si mon bon vieux cœur en souffre encore. Tu l'aimais, mais tu avais peur de lui avouer la vérité. Parce que alors ma sœur ne se serait pas intéressée à toi. C'est évident.

Rudi était en effet marié, avec une Autrichienne. Et cette Autrichienne avait un enfant de lui. Un petit garçon. Cela aussi, c'était clair. Mais Rudi n'a craché le morceau que beaucoup plus tard. D'une façon générale, il parlait peu de lui. Autant il était bavard de nature, autant il devenait discret quand il s'agissait de sa famille. Ce n'était pas sans raison qu'on avait du mal à lui tirer les vers du nez : son père était nazi. Il avait dénoncé sa propre femme, ce doit être vrai, je ne peux m'expliquer autrement qu'elle se soit retrouvée dans un camp de concentration. Là, elle a été assassinée. Pourquoi, je ne sais pas. Je sais juste que Rudi a dit un jour qu'elle avait été tuée.

C'est une pure invention. Je ne peux m'imaginer que mon père ait répandu de tels mensonges.

Mais si, tu l'as dit, Rudi. Je l'ai entendu de mes propres oreilles. Ou bien est-ce ma sœur qui me l'a raconté ? À moins que je ne l'aie rêvé ?

Les rapports entre mon père et mon grand-père ont toujours été bons. Ils ont fait beaucoup de choses ensemble, sur le plan politique et sans doute aussi privé. Ma grand-mère préférait rester à la maison. Je ne pourrais dire si le mariage de mes grands-parents était heureux. Mon sentiment est que non, mais je n'en jurerais pas. Elle ne prenait part à aucune manifestation politique. Elle est morte en 1936, alors que mon père était incarcéré à la maison d'arrêt de Wöllersdorf. Il ressort des lettres de son fils qu'elle souffrait d'une grave maladie. Peut-être un cancer. En tout cas, elle est morte d'une mort naturelle, bien avant l'entrée des troupes allemandes, et mon grand-père n'a donc pas pu la dénoncer. Dans sa biographie, que j'ai retrouvée dans la boîte à chaussures, il apparaît sans ambiguïté qu'il ne sympathisait ni avec les noirs ni avec les bruns. Il a toujours été orienté à gauche. S'il en avait été autrement, ma mère aurait sûrement laissé échapper une remarque.

Et que sa sœur s'est suicidée. La sœur de Rudi. Au camp de concentration. Cela aussi, il l'a dit.

Je ne peux pas me souvenir de ma tante Steffi. Je sais seulement qu'une fois elle a fait une tentative de suicide. Elle a avalé des comprimés, ou ouvert le robinet à gaz, et ma mère a dit, Steffi est une sacrée garce, elle sait exactement comment s'y prendre pour inspirer de la pitié à tout le monde. Mais ma tante ne plaisantait pas, car, en mars 1938, elle s'est jetée par la fenêtre, et personne ne s'est trouvé là pour la retenir. Il y a également dans la boîte à chaussures une lettre de mon père dans laquelle il essaie de consoler mon grand-père. Il est visiblement très préoccupé, car il le conjure de ne pas désespérer. Il évoque un incident qui s'est passé dans son enfance, à l'automne 1916. Sa mère, Steffi et lui se tenaient sur le pont de Floridsdorf et sa mère fixait le Danube, qui coulait à leurs pieds. « Elle voulait échapper définitivement à notre terrible misère, écrit-il. Elle a longtemps, longtemps lutté contre elle-même, tout en ne cessant de nous considérer en pleurant, avec des regards que je n'oublierai jamais ! Et finalement, elle a continué à se battre jusqu'à ce qu'on fût sorti de cette maudite crise. Tu ne dois pas te montrer plus faible que ta femme à cette époque ; et tu dois te prendre en main avec autant de volonté que tu l'as toujours fait ! Pour nous, il ne peut y avoir de fuite hors de la vie. »

Ils étaient liés l'un à l'autre par un lien très étroit, pas tant à la manière d'un père avec son fils, mais plutôt comme deux frères ou deux amis qui se restent éternellement fidèles.

En tout cas, Rudi était amoureux fou de Margarita, là-dessus, il n'y a aucun doute. Je suis persuadée qu'il aurait préféré l'épouser tout de suite, à Barcelone. Mais il était déjà marié. Séparé de corps, mais marié. Et sa femme, l'Autrichienne, n'acceptait pas le divorce.

En fait, ma mère n'a jamais dit de mal de lui. Si elle a dit du mal de quelqu'un, c'est de son beau-père. À ses yeux, il était responsable des rapports que mon père entretenait avec d'autres femmes. Mais elle n'aurait jamais intenté spontanément une action en divorce. Je me souviens qu'un certain M. Babourek, un habitant de l'immeuble, lui a dit un jour : Mais enfin, à quoi tout cela rime-t-il ? Pourquoi ne divorcez-vous pas ? Je n'ai pas besoin de divorcer, a-t-elle répondu, de toute façon, je ne prendrai pas d'autre mari.

Elle était méchante, l'Autrichienne. C'est Rudi qui me l'a dit. Et même qu'elle avait été le dénoncer à la police. Sa propre femme.

Il y a là une lettre de mon père qu'il lui a écrite de Prague après sa fuite, en avril 34. Il y accuse sa femme d'avoir transmis à la police des photos qui auraient permis l'identification et l'arrestation de quelques-uns de ses camarades. Il a entendu dire, écrit-il, qu'elle avait interdit à ses parents l'accès de leur appartement ainsi que toute relation avec moi. Et qu'elle avait l'intention de me faire baptiser. Il la menace ouvertement. « S'opposer à moi n'est pas sans danger. Il y en a auxquels cela n'a pas réussi. Alors, réfléchis bien à ce que tu fais ! » Il lui reproche plus loin d'avoir accepté une aide financière de la police. Il cite quelques traîtres et évoque leur sort après leur trahison. Morts, assommés. Morts, fusillés. Hospitalisés. Tués d'un coup de couteau et roués de coups. Il traite ma mère d'âme détestable.

Je ne sais ce que je dois penser de cette lettre. J'aurais préféré ne jamais l'avoir lue.

Six mois plus tard, les troupes de Franco ont fait leur entrée à Barcelone. Sous cette horrible bannière, aux sons de cette horrible musique militaire, au milieu de ces horribles rugissements. Les gens étaient méconnaissables. Ils exultaient comme s'ils étaient devenus fous. Ils avaient sûrement peur, mais ils étaient peut-être également heureux que la guerre fût enfin terminée. La faim, la pauvreté, les attaques aériennes, matin, midi et soir. Ils ont applaudi jusqu'à en avoir les mains meurtries. Ils ont encore applaudi lorsque les légionnaires de Franco, les Maures, se sont rués sur les femmes. Et lorsque d'autres femmes se sont données spontanément, en échange d'un dîner, d'une paire de bas ou pour recevoir la bénédiction de l'Église. Prostitution, viols, mauvais traitements, arrestations et exécutions en chaîne. Et toujours ces applaudissements, ces transports de joie de républicains convaincus, de Catalans et de socialistes, qui, rien que par peur et par enthousiasme, se sont précipités pour entendre la messe en plein air.

Mon père était mort depuis déjà quelques semaines. Il est mort presque du jour au lendemain. Une nuit, pendant le couvre-feu, un cycliste l'a renversé. Il a fait une septicémie, puis la gangrène s'est déclarée, et il a disparu misérablement. Sentant sa dernière heure venue, il m'a réclamée ; j'ai dû lui apporter sa pipe à l'hôpital, peu avant neuf heures du soir, comme il l'avait souhaité. Je la lui ai encore bourrée, allumée et fourrée entre les dents, il en a aspiré une bouffée, a souri, toussé, puis il est mort. Mon père était robuste. Il pesait dans les quatre-vingts kilos. À la fin, il en faisait à peine cinquante.

Paco s'est enfui vers quatre heures de l'après-midi, alors que les troupes de Franco avaient déjà pénétré en ville. À vrai dire, Marga et moi voulions nous aussi nous enfuir. Tout le monde savait que nous travaillions à la Croix-Rouge. À l'hôpital militaire, j'avais été promue lieutenant. Nous devions donc partir. Mais ma mère possédait beaucoup d'argenterie, de bijoux, de cristal, et elle voulait tout emporter.

Je ne vais tout de même pas les laisser, a-t-elle dit.

Un manteau et une couverture, c'est tout ce dont tu as besoin, avons-nous rétorqué.

Mais elle ne voulait se séparer de rien. Cela faisait naturellement beaucoup de bagages, et il n'y avait pas de place pour eux dans le camion.

Partez, a-t-elle dit. Moi, je reste ici.

Il n'en est pas question.

Nous sommes donc restées.

Une fois que les fascistes eurent pris la ville, elle regretta de ne pas s'être enfuie.

Je ne fais que vous gêner, je vous rends la vie difficile.

Comment cela, tu nous rends la vie difficile, que ferions-nous sans toi ?

Mais on ne pouvait lui ôter l'idée qu'elle était devenue un fardeau pour nous. Le comble, c'est qu'elle s'était mis en tête de rejoindre mon père.

Nous nous retrouverons au ciel. C'est la volonté de Dieu.

Si c'est vraiment sa volonté, ai-je objecté, comment se fait-il qu'il ne vous ait pas tués tous les deux ensemble ?

Mais elle : Parce que Dieu habite dans l'au-delà.

Et moi : Ah bon, dans l'au-delà ? Et où donc, dans l'au-delà, si je puis me permettre ? Où habite-t-il donc, ton Dieu, dans une villa ou dans une cabane ?

Ah, Marina, ne parle pas comme cela. C'est blasphémer.

Mais je ne pouvais pas m'en empêcher, je ne pouvais pas la prendre au sérieux. Ma mère n'a jamais été communiste. Elle était socialiste, et une socialiste peu éclairée. Elle n'a, par exemple, jamais compris le principe de l'amour libre. Tu peux penser ce que tu veux, disait-elle. Mais les enfants doivent rester avec leur mère. Elle ne voulait pas en démordre. Et, désormais, elle était hantée par l'idée du suicide. Pour aller tout droit au ciel, disait-elle, où Francisco m'attend. Pour elle, mon père représentait à la fois sa mère, son père, son oncle, sa sœur, son grand-père, bref il était tout. Sans lui, elle n'était rien.

Je ne la quittais pas des yeux. Je l'attachais à son lit durant la nuit depuis que, à deux reprises, elle s'était levée pour se jeter par la fenêtre. De plus, elle avait réussi à embobiner ma sœur. Une nuit, j'entends du bruit, je saute du lit, allume la lumière, et je les vois toutes les deux déjà sur le balcon. Je les attrape, les traîne à l'intérieur de la chambre et les jette sur le lit.

C'est vrai, ma sœur aussi voulait se suicider, ma mère l'en avait convaincue : Tu es comme moi, Margarita, seule et sans défense, qu'attends-tu donc encore de ce monde. Par la suite, ma sœur a essayé plusieurs fois de se tuer. Malgré son amour pour Rudi, elle ne voulait pas continuer à vivre. C'était un peu ma faute car, dans un moment de désespoir, j'avais laissé échapper des paroles malheureuses que je ne pensais pas. Cela s'était passé le 1er mai 1939. Tous les Premiers Mai qui se sont ensuivis en ont été gâchés, même si, chaque année, depuis la première fois où mon père m'y a amenée enfant, je continue à descendre dans la rue pour manifester.

Ce 1er mai, ma mère était déjà couchée. Mais elle était encore éveillée. Et pour cause : j'avais pris l'habitude de la garder tous les soirs avec moi dans mon lit jusqu'à ce qu'elle se fût calmée, et c'est alors seulement que je l'accompagnais dans sa chambre et l'attachais à son lit. À ce moment précis, donc, elle était encore dans mon lit. Et j'ai eu soudain une envie pressante d'aller aux toilettes. J'ai demandé à ma sœur de veiller sur elle, fais bien attention, ai-je dit, elle ne doit pas sortir d'ici. Mais j'avais à peine eu le temps de quitter la pièce que ma mère s'est mise à l'amadouer : Margarita, tu es bonne comme du pain, toi, tu n'es pas aussi méchante que Marina, sois gentille, ma jolie petite fille, viens, donne-moi un baiser, je veux dormir. Laisse-moi seule. Et voilà que mon imbécile de sœur mord à l'hameçon. Pourtant, cela ne faisait que quelques heures que ma mère avait tenté de se jeter du haut du balcon.

Margarita la couvre donc soigneusement, sort, et aussitôt ma mère pousse le verrou. Margarita s'en rend compte et secoue violemment la poignée de la porte. J'entends un bruit sourd, un choc, en bas sur la chaussée, je me précipite hors des toilettes en criant : Tu l'auras sur la conscience, Margarita.

Elle n'a jamais oublié cette phrase. Et c'est pourquoi elle a tenté de mettre fin à ses jours pendant les nuits qui ont suivi. Elle se faufilait toujours jusqu'à la fenêtre, je ne fermais plus l'œil. Une semaine entière, nuit après nuit. Ensuite, une cousine l'a prise chez elle, et a dormi dans le même lit qu'elle, en mettant Margarita du côté du mur.

Enfant déjà, elle était instable. Mon père ne nous a jamais envoyées au catéchisme, mais, une fois, elle est partie en camp de vacances, et là, les éducateurs l'ont rendue folle avec leurs histoires sur Satan, les flammes de l'enfer et la damnation éternelle. Elle a mis du temps à se débarrasser de ces sornettes, il lui en est probablement resté quelque chose.

En août, une vieille connaissance m'a trahie. J'ai compris que nous devions partir. Nous nous sommes mises en route pour la France, à pied, à travers les Pyrénées. Auparavant, j'avais tout vendu, l'argenterie de ma mère, la bibliothèque de mon père, et, avec l'argent, j'ai payé un passeur et soudoyé un policier. Juste après la frontière, nous sommes allées dans une auberge au lieu d'acheter deux billets pour prendre l'autobus. Nous n'avions pas mangé depuis trois jours. Je n'oublierai jamais ce visage gras. La barbe de phoque de l'aubergiste. Il nous a servies avec une politesse excessive. À peine avions-nous avalé la dernière bouchée que deux gendarmes nous ont encadrées. Retournez en Espagne, ou alors c'est le camp ! Le camp, donc. D'abord Saint-Cyprien. Ensuite Argelès. C'était l'horreur ! Margarita était prête à renoncer. Elle s'affaiblissait de jour en jour. Puis quelques femmes m'ont priée de leur apprendre à lire et à écrire. Elles me payaient avec une livre de pain blanc, j'en donnais un morceau à un petit garçon, l'autre à ma sœur. C'est ainsi que nous nous en sommes tirées. En réalité, j'ai joué toute ma vie le rôle de la sœur aînée, alors que j'avais un an de moins que Marga. Mais j'ai toujours été la plus forte.

Le 9 février, nous avons franchi la frontière à Port-Bou. La garde mobile nous attendait déjà. Nous étions les éléments d'une armée défaite et les représentants d'une cause perdue. De ces deux réalités, nous avons pris conscience de la première au moment où nous avons déposé les armes. La deuxième nous est apparue plus confusément, au fil des jours. À Saint-Cyprien, où nous nous battions pour notre simple survie, nous avions à peine le temps de réfléchir. Le camp était une bande étroite, entourée de barbelés, qui s'étirait le long de la mer. Lorsque nous sommes arrivés, il n'y avait ni baraquements, ni abris, ni toilettes. Nous devions gagner de haute lutte chaque morceau de pain, chaque gorgée d'eau. Les Français se repaissaient de notre malheur. Ils pensaient que leurs officiers, qui voulaient nous attirer dans la Légion étrangère, n'auraient aucun mal à y parvenir. Mais, à quelques exceptions près, nous avons résisté à leur propagande. Aujourd'hui, on prétend que la direction du parti nous aurait interdit d'accepter leur offre. Elle aurait considéré la grande guerre qui s'annonçait comme un conflit entre les puissances impériales, une affaire qui ne nous concernait pas. Il se peut que cette interprétation ait servi les intérêts de Staline à l'époque. Mais ce n'était pas la raison de notre refus. Nous n'avions jamais combattu comme mercenaires, ni dans nos pays d'origine ni en Espagne, et nous ne voulions pas servir des maîtres étrangers. Nous possédions, tout à fait par hasard, à côté de notre obéissance aveugle de cadres du parti, quelque chose d'autre, qui échappe la plupart du temps aux historiens et que personne aujourd'hui ne veut nous concéder. Pour sauver ce quelque chose, nous voulions rester ensemble. Ou bien trouver d'autres possibilités de survivre à l'extérieur des barbelés : en émigrant en Angleterre, en Scandinavie, ou au Mexique. Je me souviens que Friemel a fait inscrire son nom sur la liste des combattants socialistes en Espagne qui demandaient à s'exiler en Suède. J'ignore s'il a mentionné son Espagnole à cet instant. Je ne savais d'ailleurs rien de leur liaison. Mais cela ne signifie rien. Contrairement à une croyance communément admise, on fait à peine connaissance avec son camarade d'infortune dans un moment de détresse extrême. Qu'est-ce que cela aurait apporté de plus qu'il ait inscrit son nom à elle sur la liste ? Pouvait-il seulement communiquer avec elle ? Savait-il qu'elle cherchait elle-même à fuir en France ? Il y avait, parmi les républicains espagnols, des couples qui étaient internés en même temps à Saint-Cyprien – le mari était juste séparé de sa femme par un grillage à hauteur d'homme – et qui ne l'ont appris que bien des années plus tard. Nous étions quatre-vingt-dix mille êtres humains parqués sur un kilomètre carré. Une ville de taille moyenne, mais sans rues ni maisons, traversée par un vent glacial qui soufflait des Pyrénées, et infestée de sable fin qui crissait entre les dents.

Nous sommes restés à Saint-Cyprien de février à avril 39. Puis tous les combattants qui venaient d'Espagne ont été transférés à Gurs. Friemel était le représentant des socialistes révolutionnaires à Saint-Cyprien comme à Gurs. Il était très populaire. Tout le monde l'appréciait, on pouvait parler de beaucoup de choses avec lui. C'est vrai, il avait sa propre ligne, ses propres opinions, mais c'était normal, et il n'a jamais participé à la campagne contre nous. Car il y avait quelques combattants de la guerre d'Espagne, bien que peu nombreux parmi les Autrichiens, qui étaient démoralisés et qui cherchaient à rejeter la faute sur les communistes. L'administration du camp attisait la haine et la méfiance. Après la signature du pacte de non-agression germano-soviétique, l'atmosphère s'est considérablement détériorée. Les communistes sont alors passés aux yeux des Français pour des meurtriers, des escrocs, des voleurs et des vauriens. Bien sûr, il existait aussi des divergences de vues entre nous, ce pacte, était-il nécessaire, ne l'était-il pas, trahison par-ci et Staline par-là. On en discutait effectivement, mais sans passion. C'était bien compréhensible, car c'était la garde mobile qui nous rouait de coups, pas Hitler ou Staline.

À Gurs, nous avons créé une université populaire, comme dans Vienne la Rouge. Nous avons proposé des cours de langues, de littérature, de sténographie, de géographie, d'histoire, de mathématiques, et ceux qui réussissaient obtenaient un certificat. Je ne sais pas si Friemel a coopéré, mais c'est plus que vraisemblable, car presque tout le monde y a participé. Pour nous, il ne s'agissait pas uniquement d'éducation permanente ; le maintien d'une certaine cohésion ainsi que le besoin de nous distraire des événements mondiaux ou de l'incertitude quant à notre propre avenir nous importaient davantage. L'Autriche n'existait plus, et cela amusait manifestement les Français de nous le rappeler. Nationalité, demandaient les officiers, et quand nous répondions : Autrichien, ils disaient : Ah, un autre chien ! Après avoir échoué dans leurs efforts pour nous enrôler dans la Légion étrangère, ils ont voulu nous faire entrer de force dans leurs compagnies de travail. Nous avons d'abord refusé. Mais, avec le temps, nous avons dû céder. Beaucoup se sont alors inscrits, presque un Autrichien sur deux. De la frontière suisse jusqu'à la Manche, nous avons trimé partout pour les Français.

Je ne sais pas comment Friemel a réussi à sortir de Gurs. Il s'est peut-être proposé pour travailler. Peut-être a-t-il obtenu une permission parce qu'il a pu prouver que sa femme l'attendait, c'est arrivé. Peut-être aussi a-t-il été transféré dans un autre camp, où les visites des femmes étaient autorisées. Ou bien il a filé tout simplement, de nuit, en passant par-dessus les barbelés ou par en dessous. En tout cas, un beau jour, il n'était plus là.

Puis notre camp a été fermé. Toutes celles qui le pouvaient physiquement devaient travailler ! J'ai été sélectionnée parce que j'étais forte, mais pas ma sœur, elle était trop fragile.

Si elle n'a pas le droit d'aller travailler, alors je n'irai pas non plus !

C'est bon, ont-ils dit.

CARTE POSTALE

ÉDITIONS VIVIANE HAMY
Cour de la Maison Brûlée
89, rue du Faubourg-Saint-Antoine
75011 Paris

Si vous désirez être tenu au courant de la sortie de nos publications, répondez à ce questionnaire et renvoyez-nous cette carte.

Nom .... Prénom ....

Adresse ....

....

....

Profession.. Age ....

Titre de l'ouvrage ....

Ville et nom de la librairie où vous l'avez acheté ....

....

....

Suggestions ....

....

....

....

A .... le .... 20 ......

Les Français nous ont entassées dans des wagons à bestiaux, ça, je ne l'oublierai jamais, dans chaque wagon, quarante femmes. On nous a déchargées en Savoie, non loin de la frontière suisse. Nous devions y travailler comme filles de ferme. J'ai été affectée au service d'une comtesse, elle habitait un véritable château, avec communs, étable et grange. Marga a atterri chez une fermière, à Sillingy, un village distant de trente kilomètres. Elle pouvait au moins y manger à sa faim. Je ne sais pas comment Rudi a fait pour la rejoindre. En tout cas, un jour, il lui a rendu visite. Il n'était plus incarcéré à ce moment-là, il était libre de ses mouvements. Ils ont fini par tomber dans les bras l'un de l'autre. Et Margarita s'est retrouvée enceinte.

Je suis allée la chercher lorsque mon contrat de travail est arrivé à son terme. Sa patronne a aussitôt voulu me garder. J'ai toujours été rebelle, je ne me suis jamais laissé faire. Marga, elle, était le type même de la petite dame. Elle aimait s'habiller, se maquiller, se mettre du rouge à lèvres. Mais elle était trop sensible. Elle n'était pas faite pour curer l'étable, traire les vaches ou défaner les pommes de terre. La fermière ne pouvait plus la supporter. Dommage, a-t-elle dit, quand elle m'a vue. Si j'en avais eu une comme vous ! Il faut dire que je n'ai pas ménagé ma peine, là-bas, à la campagne. La première fois que j'ai eu à mener les vaches au pâturage, les quatorze m'ont échappé, elles ont descendu la rue au galop et sont entrées dans l'église. Tout le village a dû s'y mettre pour les en faire sortir. Je veux dire par là que mon travail n'était pas de la tarte.

D'Annecy, nous avons pris le train jusqu'à Montauban. Deux journées entières à travers la France, sans papiers ! La Gestapo était déjà partout. Les Allemands. Ma sœur tremblait de peur. Avant chaque contrôle, je l'expédiais aux toilettes. Pousse le verrou, lui disais-je, et n'ouvre que quand je te le demanderai. Quand les Allemands arrivaient, j'affichais mon plus beau sourire. Excusez-moi, monsieur. C'est malheureusement ma sœur qui a les papiers. Et elle est au petit coin. Si vous voulez attendre…

Cela marchait à tous les coups. Une fois seulement, il a fallu qu'une tête carrée secoue la porte des toilettes. Ouvrez, contrôle ! Je suis sortie de mon compartiment et me suis précipitée sur lui comme une furie. Retirez vos pattes de la poignée ! Ma sœur s'est sentie mal. Elle attend un enfant. L'Allemand m'a regardée bouche bée, puis il est passé dans le wagon suivant. Une chance pour lui ! Autrement, je lui aurais arraché les yeux.

Nous sommes arrivées à Montauban le 2 octobre, jour de mon vingt-troisième anniversaire. Nous avons pris une chambre meublée. Marga a écrit à Rudi. Il était déjà mineur à l'époque, il travaillait dans les mines de charbon de Carmaux. Le troisième jour, il est venu la chercher. Ensuite, je n'ai plus entendu parler d'eux. Jusqu'à l'accouchement de ma sœur, le 26 avril 1941. Je lui ai alors rendu visite. J'ai serré mon petit neveu sur mon cœur. Au bout d'un moment, Rudi est arrivé. Nous nous sommes embrassés. Puis j'ai dû repartir.

Margarita a accouché à Albi, dans une maternité, comme moi. Nous n'avons eu de chance ni l'une ni l'autre. Car il a fallu lui appuyer sur le ventre pour faire sortir son bébé, et moi, j'ai échappé de justesse à une épisiotomie, ils ont tiré mon fils au forceps. Il y a des accouchements faciles, mais nous, nous avons souffert pendant un temps fou. Les douleurs ont duré trois jours pour moi, deux pour elle. Alors, quand la naissance a été si pénible, on se dit qu'il faut au moins offrir à l'enfant une belle vie. Tout faire pour ne pas le perdre. Mais cela, Rudi ne l'a pas compris. Il a perdu son fils. Il n'est resté avec lui que pendant les premières semaines et l'unique nuit qu'ils ont eu le droit de passer ensemble. Ensuite, il ne l'a jamais revu.

Après l'armistice entre l'Allemagne et la France, s'est posée la question du rapatriement. La France était coupée en deux depuis que la Wehrmacht avait renversé les positions françaises. Les camps se trouvaient dans le Sud, en zone libre, qui n'était pas si libre que cela. Un jour, nous avons été convoqués à un rassemblement, devant nous se tenaient des officiers allemands qui nous ont invités à rentrer au pays. Vous n'avez rien à craindre, ont-ils dit, vous êtes des ressortissants de la *Ostmark*, vous n'avez pas enfreint les lois allemandes, l'Empire a besoin de tous ses membres ! Cependant, vous serez rééduqués. Ils ne nous ont pas expliqué ce que cela signifiait. Alors, qui lève la main ? À Vernet, là où je me trouvais, un seul a accepté. Tous les autres ont répondu : Non, nous restons.

Puis le parti a changé d'avis. Peut-être nourrissait-il l'espoir que les nazis laisseraient les communistes en paix à cause du pacte germano-soviétique. En tout cas, l'ordre est venu de l'extérieur, on doit sauver les cadres, en France, ils vont tous mourir, il n'y a aucune perspective. Nous devions donc nous préparer tôt ou tard à obtempérer. À rentrer. Ce n'était pas si déraisonnable. Les combattants tchèques et yougoslaves de la guerre d'Espagne avaient déjà opté pour le travail obligatoire en Allemagne. Ils étaient partis par centaines. Et ils avaient réellement trouvé du travail. Nous le savions, parce qu'ils nous envoyaient des lettres. Ils nous écrivaient qu'ils travaillaient dans telle ou telle fabrique, et qu'ils vivaient mieux en Allemagne que dans ces camps de merde en France.

Quinze jours plus tard, je leur ai à nouveau rendu visite. Pour donner un coup de main à ma sœur avec son petit. Rudi m'a alors raconté qu'il avait l'intention de rentrer en Autriche, avec Marga et le petit Edi. C'était la meilleure ! Mon beau-frère avait fui l'Autriche. Il s'était opposé aux nazis. En Espagne, il avait combattu les fascistes. Et cet homme voulait se livrer aux Allemands. J'ai cru que j'allais avoir une attaque.

Tu as perdu la raison ! Tu veux vraiment crever ! Si tu veux rentrer, alors fais-le clandestinement, déguisé en travailleur étranger, avec de faux papiers. Mais pas au vu et au su de tout le monde !

Nous nous sommes disputés comme des chiffonniers. Je lui ai dit, comment peux-tu seulement songer à emmener ta femme et ton enfant qui vient à peine de naître. Tu veux qu'ils vous tuent tous ? Et lui, hors de ses gonds : Margarita, tu as le choix. C'est ta sœur ou moi. Bon, ai-je tranché, j'emmène Marga tout de suite avec moi. Mais elle s'est évidemment décidée pour lui. Elle était folle de lui. Il était le père de son enfant. Je l'aurais volontiers étranglé. Étranglé ou embrassé. Reste, s'il te plaît, l'aurais-je supplié.

Cela n'avait pas de sens de rester. C'est pourquoi nous nous sommes faits à l'idée de rentrer. Le parti a néanmoins lancé ce mot d'ordre : Aucun de ceux qui tombent sous le coup des lois raciales de Nuremberg ne doit partir. Pourtant, l'un d'entre nous, à moitié juif, et donc concerné par ces lois, s'est tout de même inscrit. C'était un membre connu, je ne dirai pas son nom, car il est mort, et il ne faut pas dire du mal des morts. Nous l'avons exclu parce qu'il s'est assis sur la décision du parti. Donc, pas un seul de ceux qui tombaient sous les lois de Nuremberg ou qui pouvaient s'attendre à la vengeance des nazis ne devait partir. Nous avions par exemple un combattant de la guerre d'Espagne qui s'était trouvé mêlé à une fusillade contre les nazis dans le quartier de Hausruck, il y avait même eu quelques morts. Il ne s'est donc pas manifesté. C'était le règlement. Et tous les autres devaient décider par eux-mêmes s'ils préféraient rester en France ou s'ils voulaient être rapatriés. Mais il n'y avait aucun ordre formel. Chacun était libre de choisir de rentrer ou non. Et là, je voudrais insister sur le fait qu'une majorité écrasante a décidé : Oui, je rentre. Pas tous. Oui, je rentre. Nous avons alors écrit à la Commission d'armistice allemande à Toulouse, et demandé notre rapatriement en Allemagne. Chacun en a fait la demande personnelle. Ou peut-être pas. Certains n'ont pas écrit.

Aujourd'hui encore, je ne comprends pas pourquoi il est rentré en Allemagne. Cela me dépasse. Il n'était pas le seul, beaucoup se sont inscrits, parmi eux, un certain Hans. Hans était très attirant, un colosse d'un mètre quatre-vingt-dix, ou quelque chose comme ça. Il voulait me traîner au bureau de l'état civil et de là directement en Allemagne. J'ai dit : Tu partiras sans moi. Même enchaînée, je ne partirai pas. Pourtant, je suis retournée en Espagne de mon plein gré, en pleine dictature. Moi aussi, je suis arrivée ici avec mon fils. Je me suis dit, s'ils me fusillent, ça les regarde. Mais ils n'auront pas mon fils, Julián se battra. Ils peuvent bien me tuer, les fascistes. S'ils ne l'ont pas fait, c'est que je n'ai été condamnée qu'en 1945. L'Allemagne était déjà vaincue, et Franco avait la trouille devant les Alliés. Le tribunal a tout de même requis la peine maximale. Ce que je veux dire, c'est que je suis rentrée de mon plein gré, moi aussi, mais que dix chevaux n'auraient pas réussi à me traîner jusqu'en Allemagne. Bon, quand les nazis n'avaient aucune preuve, cela pouvait se comprendre. Mais dans le cas de Rudi, avec son passé socialiste, poursuivi, recherché comme il l'était, et qui avait fui Vienne… Non, non et encore non. Je ne sais si son fils est au courant. Je ne lui en ai jamais soufflé un traître mot. J'étais convaincue que cet homme était fou.

Naturellement, on en a beaucoup discuté. Des objections de taille ont été avancées. Premièrement, c'est un saut dans l'inconnu. Deuxièmement, on ne doit jamais faire confiance à un nazi. Il promet toutes sortes de choses et ne tient jamais parole. Troisièmement, tu risques d'atterrir dans un camp de concentration ou d'être interné. Ces considérations ont joué leur rôle dans notre décision : Dois-je tenter le coup ? Oui ou non ? Mais il y avait aussi l'espoir : peut-être trouverons-nous du travail comme les Yougoslaves. Et puis, de toute façon, qu'allions-nous devenir en France ? Mourir, crever de faim ? Ou bien devrions-nous nous planquer ? Ce n'était pas non plus une solution, ou seulement pour quelques-uns. Car les Allemands auraient découvert notre cachette, ou alors les Français, qui collaboraient avec eux. Celui qui ne se présentait pas de lui-même, la Gestapo mettait la main dessus par d'autres moyens.

Je ne prétendrais pas que je n'ai pas compris sa décision. Beaucoup sont rentrés clandestinement en Espagne, ou en Allemagne, ou dans cette Autriche qui n'existait plus. Je comprenais très bien pourquoi ils le faisaient. J'aurais compris aussi que Rudi fût retourné secrètement en Allemagne, armé, pour combattre dans la Résistance. C'était notre façon de penser, à l'époque. Nous risquions notre vie, notre bonheur, notre santé, tout pour la liberté. J'ai pris ce risque. Je ne l'ai pas regretté. Mais je n'étais pas aussi naïve que Rudi. Il s'est tout de même porté officiellement candidat au retour, avec femme et enfant !

Friemel a déposé sa demande. Je suis sûr qu'il a minimisé au maximum son propre rôle dans la lutte contre le national-socialisme, tout comme chacun d'entre nous. Nous avons par exemple mis l'accent sur notre opposition au régime de Dollfuss, qui était également haï par les nazis, et sur le fait que nous étions partis en Espagne parce que nous ne trouvions pas de travail en Autriche. Friemel aura sans doute écrit aussi qu'il a longtemps hésité à demander son rapatriement parce qu'il ne voulait pas abandonner sa femme. Et qu'il espérait maintenant retrouver du travail, dans sa profession, en Allemagne. Mais il n'aura pas menti. Il n'aura sûrement pas eu le cœur de prêter serment d'allégeance au Reich allemand. Il a dû faire sa requête le 1er juin 1941.

Une semaine plus tard, il a sûrement reçu une lettre du chargé des rapatriements de la Commission d'armistice allemande, à Toulouse : « À Monsieur Rudolf Friemel, 9, place de l'Église, Arthès (Tarn). J'ai réglé aujourd'hui avec les autorités françaises la question de votre remise aux autorités allemandes sur la ligne de démarcation. Elle sera rendue effective par des gendarmes français en civil. Par la présente, nous vous envoyons également un laissez-passer qui vous servira, vis-à-vis de toutes les autorités, de certificat attestant que vous êtes allemand du Reich ou des minorités, et que vous êtes rapatrié par mes soins en ma qualité de chargé des rapatriements de la Commission d'armistice allemande. Ce laissez-passer ne vous autorise cependant pas à quitter de votre propre chef votre lieu de résidence actuel, ni à franchir vous-même la ligne de démarcation. Je vous demande de détacher le talon du laissez-passer au moment de votre remise aux autorités allemandes, de le dater et de le signer, puis de me le renvoyer par retour du courrier dans l'enveloppe affranchie ci-jointe. Cela est indispensable. Lutz DRK-*Feldführer.* »

Friemel a dû suivre ces instructions.

Rudi a défendu sa position. Je dois me battre, a-t-il dit. J'ai rétorqué, comment veux-tu te battre, alors qu'ils t'attendent déjà pour te cueillir. Tu te jettes directement dans la gueule du loup.

Peu importe, je dois aider mon pays à se libérer.

Alors, je me suis mise dans une colère noire. Si tu veux courir à ta perte, fais-le tout seul. Si tu ne peux pas y renoncer. C'est ta vie. Mais laisse le bébé et ma sœur ici. Mais lui : C'est ma famille. Ils m'appartiennent. Je n'ai qu'eux. Je veillerai sur eux.

Ils restent ici !

Ils partent avec moi.

Et il a dit alors : Margarita, tu dois te décider. C'est ta sœur ou moi.

C'est ainsi que cela s'est passé. Il m'a fichue à la porte. Évidemment, j'avais démonté ses arguments. Margarita hésitait. Il l'a remarqué, et c'est pourquoi il s'est emporté. Plus tard, ma sœur m'a dit, tu avais raison, Marina, j'aurais dû te suivre.

Il était obsédé par le désir de libérer l'Autriche. Cela, je le comprends. Mais pourquoi n'est-il pas parti tout seul, pour voir ? S'il ne lui était rien arrivé, il aurait pu faire venir Margarita. Alors beaucoup de choses auraient été différentes. Tout est ta faute, Rudi, je te le dis, malgré tout ce que tu représentes pour moi. Tu étais fou. Quand on a un enfant, on doit réfléchir à chacun de ses actes. Je pense que l'enfant passe en premier. Je le leur ai d'ailleurs reproché : est-ce que vous avez perdu la tête, le bébé n'a que trois mois. J'ai bien failli étrangler Rudi pour sauver Marga et l'enfant. Pourtant, je l'aimais bien, et même davantage. Mais j'étais saisie d'une fureur assassine, à cause de l'enfant, avant tout à cause de l'enfant. Car ma sœur était jeune, en bonne santé, solide, mais le petit Edi ? Le pauvre petit, qui venait juste de naître.

On t'a bien sûr demandé aussi : qu'est-ce qu'en pense Rudi ? Il doit bien le savoir ? Que veut le parti ? A-t-il vraiment décidé que nous devions partir ? Et tu as exprimé ton opinion : Il est plus intelligent de retourner en Allemagne que de végéter en France. Bien sûr, c'est dangereux et incertain, mais nous nous en tirerons. Cela ne sera pas si terrible, et la patrie, c'est la patrie. Rentrons à la maison. C'est tout simple.

Nous nous sommes réconciliés au moment des adieux. Rudi m'a serrée dans ses bras. J'ai embrassé le petit Edi, puis ma sœur. Ils avaient un compartiment pour eux seuls. Ils ont couché l'enfant dans le filet à bagages. Quand le train s'est ébranlé, ils se sont penchés à la fenêtre, en riant, comme s'ils partaient au-devant de leur bonheur.

C'était une matinée étouffante de juillet, juillet 41. L'après-midi, un orage a éclaté.

2

La preuve

Tous les morts reposent, dans l'angoisse d'une mort peut-être inutile. Tu connais cette phrase. Elle me revient souvent à l'esprit. Je ne regrette rien, ou peu de choses. Certes, j'admets que j'étais trop fougueux. Ce n'est pas que j'ai cru pouvoir échapper au cours du temps. Je le savais déjà à l'époque : c'est sans espoir, il vous rattrape. Je n'ai pas cru non plus que l'amour m'en sauverait. Que l'amour et le temps s'allient ou s'affrontent, l'un ne peut exister sans l'autre. J'avais foi en l'époque et en la place que j'y tenais, tout comme j'avais une foi fervente en notre amour. Pourquoi aurais-je dû douter ? Mais le temps est toujours plus fort que l'amour. Voilà une autre de ces phrases que, dans l'angoisse de ma mort peut-être inutile, je ne veux pas accepter. Regarde-moi. Je souris. Je porte un pantalon de détenu, élimé et rayé. Et une chemise de noces, brodée de roses. Le temps et l'amour. Il n'y a rien d'autre à considérer.

Un mariage, à Auschwitz ? Entre un détenu et une femme de l'extérieur ? Avec bouquet de mariée et marche nuptiale ? Qui t'a fait avaler de telles sornettes ?

– J'en ai entendu parler, des années plus tard. Ou plutôt, je l'ai lu. Où, je ne sais plus.

– Les nazis n'auraient jamais permis une chose pareille. Ou alors, seulement pour rire. Pour se moquer des pauvres diables. De la même façon qu'ils ramenaient les fugitifs sur un chariot à ridelles, avec une pancarte autour du cou : « Coucou, me revoilà ! », tandis que l'orchestre devait jouer *Kommt ein Vogel geflogen…*

– Pourquoi pas ? En enfer, tout est possible, même le ciel.

– C'est exclu. Il y avait bien un bureau d'état civil au camp, mais il ne s'occupait que de l'enregistrement des morts.

– Chaque bureau d'état civil avait trois fonctions : tenir le registre des naissances, celui des mariages, celui des décès.

– Je ne peux imaginer qu'un mariage officiel ait eu lieu. Sauf pour calmer les esprits, pour flatter l'orgueil des nazis : regardez comme nos petits protégés vont bien, les rumeurs d'extermination de masse ne sont que propagande de nos ennemis pour faire croire à des atrocités de notre part. Mais, en 44, plus personne ne se souciait de l'effet que produirait un tel événement – les meurtriers s'étaient depuis longtemps accommodés de leur mauvaise réputation, les sympathisants de leur mauvaise conscience, et les opposants de leur impuissance.

– Un moment ! Le film de propagande sur le camp de Theresienstadt n'a été tourné qu'en 44, à l'automne 44. Alors pourquoi pas un mariage à Auschwitz.

– En novembre 43, on a relevé le commandant du camp, Hoess. Son successeur Liebehenschel s'est efforcé de réduire la terreur. Il a brisé l'hégémonie des kapos criminels. Pour la première fois, c'est un homme qui portait le triangle rouge, un prisonnier politique donc, qui est devenu le doyen du camp. Liebehenschel a mis un terme à la pratique du cachot. Il a fait abattre la caisse et le Mur noir, supprimé la peine de mort, interdit les coups lors des interrogatoires. Il s'est aussi opposé à l'infiltration d'espions parmi les détenus politiques. C'est sans doute grâce à lui que le mariage a pu avoir lieu, non ?

– Le père du fiancé devait avoir de bonnes relations à Berlin, jusqu'à Himmler, non ?

– La mariée était une Espagnole. Il est donc pensable que Franco, allié d'Hitler, ait encouragé ce mariage, non ?

– Les SS ont compris progressivement que la guerre était perdue. Certains d'entre eux sont devenus terriblement amicaux. Ils ont commencé à collectionner les bons points. Le mariage en était un gros, non ?

– Nous ne devons pas partir du principe que les nazis agissaient de façon logique. Toute réflexion logique leur était étrangère. Le verdict de vie ou de mort était totalement arbitraire. Moi, par exemple, j'ai été condamné, mais non exécuté, pour avoir fomenté un acte de haute trahison. Au même moment, d'autres ont été traînés sous la guillotine pour des faits mineurs. Au camp, il n'en allait pas autrement. Neuf cent quatre-vingt-dix-neuf prisonniers ont été battus à mort, le millième s'en est sorti avec un œil au beurre noir. Ne cherchons pas une intention déclarée derrière chaque autorisation, chaque règlement d'exception et chaque pet des nazis. Le mariage a eu lieu. Cela, c'est certain.

Ce qui est sûr, c'est qu'ils ont été séparés dès leur arrivée à Vierzon, sur le quai. La *geheime Feldpolizei* a emmené Rudi et contraint Marga à poursuivre le voyage jusqu'en Allemagne avec Edi. Les hommes leur ont peut-être encore permis de se dire au revoir. Je ne crois pas que cet adieu leur ait arraché beaucoup de larmes. Verser des larmes demande du temps, et il ne leur restait plus que trente secondes. De plus, il espérait la revoir bientôt. Il ne lui est pas venu à l'esprit que l'histoire, à peine commencée, pourrait mal se terminer. Ce n'est pas vrai non plus que les hommes les aient apostrophés ou battus. Ils ont même probablement été polis. Marga était néanmoins effrayée. Où te conduisent-ils, Rudi, a-t-elle sans doute dit. Qu'allons-nous devenir. Pourquoi nous séparent-ils. Comment allons-nous nous en sortir sans toi. N'aie pas peur, aura-t-il répondu. Veille sur Edi. Et n'oublie jamais de préciser que nous sommes mariés.

C'est important ! Ne sois pas triste, ce n'est l'affaire que de quelques jours. Je t'aime.

Je t'aime aussi.

Elle l'a vu pour la dernière fois quand il a traversé les voies, encadré par les policiers allemands. Il s'est retourné et a levé le bras. Elle lui a rendu son salut. Puis elle s'est légèrement effacée, pour lui permettre de voir Edi, qu'elle serrait contre son cœur.

C'était le 31 juillet 1941. Deux semaines plus tard, Rudi était écroué à la prison de Dijon. Il l'a noté dans son carnet : Arrivée Dijon, le 15.8., 16 h 30. Mais qu'a-t-il vécu dans l'intervalle et que s'est-il passé ensuite ?

Il est bien possible qu'ils l'aient transféré à Bourges le soir même. Ou le lendemain. Il y serait alors resté incarcéré quinze jours, dans une prison ou une caserne, en compagnie d'autres combattants de la guerre d'Espagne. Car, cela aussi, il l'a noté dans son carnet : départ Bourges, 12.8., 12 heures. Les jeunes recrues affectées à sa garde l'auront traité correctement et interrogé discrètement sur son expérience en Espagne. Seul un adjudant l'aura rabroué, fait se mettre au garde-à-vous et traité de suppôt des Juifs, de bolchevique et de communard. Mais chien qui aboie ne mord pas, aura-t-il pensé. Une fois, il aura demandé des nouvelles de Marga. Les affaires familiales ne relèvent pas de la compétence de la Wehrmacht, lui aura-t-on répondu. De qui alors ? De l'*Auslandsorganisation.* Où ? À Paris. Cette note figure également dans son carnet : 7.8.41. *Ausl.-Org.* de la NSDAP : Paris, 15, rue Beaujon. Les cellules se seront remplies petit à petit de candidats au retour, de voleurs, de trafiquants, de membres de la Légion étrangère, de défaitistes, de déserteurs et d'insoumis. Un jour, on les aura traînés à la gare et parqués dans un wagon stationné sur une contre-voie, à l'abri du regard des civils. Rudi aura eu de la chance, car il aura été l'un des premiers à grimper dans le wagon de marchandises, et il aura pu s'assurer une place près d'une lucarne grillagée, avec vue dégagée sur un pays occupé. L'escorte, installée dans un petit cagibi à l'avant, aura joué au *skat* et se sera soûlée. Le convoi aura progressé lentement, soumis à des arrêts répétés, on aura même détaché leur wagon une fois et ils auront passé une journée entière à attendre dans une gare de triage, dans la chaleur et la puanteur, sans avoir l'autorisation de vider le seau leur servant à se soulager. Ils n'auront atteint Dijon qu'au bout de trois jours. De Dijon, il aura été rapatrié à Vienne, après plusieurs courts séjours dans des prisons allemandes.

Mais cela ne s'est peut-être pas passé ainsi.

On peut en effet aussi imaginer que la *Feldpolizei* ne l'a gardé qu'une nuit à Dijon, et qu'elle l'a transféré à Paris, à la Santé, dès le lendemain. Il a peut-être même atterri dans la cellule 23, où six mois plus tôt, j'avais moi-même gelé et crevé de faim. Le gardien lui a alors glissé, une fois par jour, à travers la porte entrouverte, une écuelle remplie de trois décilitres d'eau, où nageaient une carotte toute ridée et une demi-pomme de terre. Je ne sais pas comment il s'en est tiré avec la faim, la solitude et l'inquiétude au sujet de sa femme et de son enfant. Il est probablement devenu fou quand il s'est rendu compte que, dans sa hâte, il n'avait pas donné l'adresse de son père à Marga. Il a peut-être bondi sur ses pieds et s'est mis à tambouriner contre la porte. Mais il a sûrement retrouvé ses esprits avant l'arrivée du gardien. Il a demandé la permission de lire un livre. Le lendemain, l'homme lui a balancé dans la cellule, comme à moi, un exemplaire tout déchiré du *Guillaume Tell* de Schiller. Quelques jours plus tard, il a frappé à la porte, je veux travailler, me rendre utile, et un petit vieillard en costume bleu est bien apparu, une bobine de fil de fer à la main, et lui a montré comment fabriquer un piège à rat. Il s'est immédiatement mis à l'ouvrage et a construit quarante pièges en trois jours. En récompense, le vieux lui a glissé un paquet de tabac, du papier à cigarettes et des allumettes. Moi, j'ai tout fumé, mais lui, il a gardé une feuille de papier pour y écrire un poème en lettres minuscules, en espagnol, à sa femme espagnole, et il l'a intitulé *Mi dulce mujer.*

Pendant qu'il était encore en train d'écrire, il a entendu crier dans le couloir : Vingt-trois !, le gardien a ouvert et l'a conduit dans une pièce où deux hommes de la Gestapo attendaient. On a également introduit une femme, pâle et recroquevillée sur elle-même, au regard traqué. Dans la cour de la prison, on les a poussés à l'intérieur d'un taxi et on les a emmenés, à travers les rues désertes, à l'interrogatoire, avenue Foch. Pendant le trajet, un des gardiens a dit à la femme : espérons que cette fois, tu seras plus bavarde, et, en entendant ces mots, elle a tressailli. Et, à Rudi, il a dit comme à moi : Sale enflure. Tu vas prendre une bonne raclée. Et alors là, tu vas voir.

Malgré les menaces, l'interrogatoire s'est très bien passé. Les hommes de la Gestapo ont commencé par lui faire entrevoir un meilleur traitement. L'un d'entre eux lui a même offert un sandwich. Il a tout de même attendu le premier coup, bandé ses muscles pour ne pas plier le genou. Mais il n'y a pas eu de coups, même lorsque, comme moi, il a répondu évasivement à leurs questions. Il s'est aperçu qu'ils savaient un certain nombre de choses sur lui, mais non qu'il avait été délégué du bureau politique en Espagne, et ça, il l'a prudemment tu. Ils n'étaient fondamentalement intéressés que par ses anciens compagnons du *Schutzbund* qui avaient émigré en Union soviétique en 1934 et qui, de là, étaient allés faire la guerre civile en Espagne. Ils lui ont cité des noms, Tränkler, Tesar, Barak, Beyer, Distelberger... et il a secoué la tête négativement chaque fois, comme moi, connais pas, connais pas non plus, m'est inconnu, ou acquiescé en entendant le nom de ceux auxquels il ne pouvait plus nuire, parce qu'ils étaient tombés devant Madrid ou Teruel ou encore pendant l'offensive de l'Èbre, ou parce qu'ils s'étaient engagés dans la Légion étrangère à Saint-Cyprien. N'oubliez pas, a-t-il dit, que la plupart des engagés volontaires en Espagne ont pris de faux noms. Cette information les a satisfaits. Ou peut-être pas. Dans ce cas, ils l'ont giflé, fouetté, balancé sur le sol, redressé en le tirant par les cheveux, aspergé d'eau froide. Il s'est tu.

Je ne sais pas si elle lui a été d'un grand secours. Je ne sais pas s'il a gardé le silence parce qu'il était conscient qu'elle l'aimait. La seule chose que je sais : Arrivée Dijon, le 15.8. Arrivée Vienne, le 14.9. S'ils l'ont transféré à Compiègne ? Dijon était le lieu de rassemblement pour tous les déportés de la région avant leur départ pour Compiègne. L'écrivain Jorge Semprun en a parlé par la suite. Il a décrit comment, avant son transport de Dijon à Compiègne, son héros ou lui-même a été enchaîné à un homme d'un certain âge, un Polonais, qui écorchait le français et répétait toujours la même phrase à mi-voix : Cette fois, ça y est, ils vont tous nous tuer. Semprun, ou son héros, un Espagnol en tout cas, répondant au nom de Manuel ou Gérard, a essayé de calmer le Polonais. N'aie pas peur, camarade, personne ne veut nous tuer. Pendant la nuit, le train s'est arrêté en rase campagne, et l'homme à côté de lui a dit dans un souffle : Entends-tu ? Il n'entendait rien d'autre que la respiration des codétenus. Quoi donc, a-t-il chuchoté. Les cris. Quels cris. Les cris de ceux qu'on massacre, là, sous le train. Il a gardé le silence, car cela n'avait pas de sens de chercher à calmer l'autre, qui s'est remis à parler quelques secondes plus tard : Le sang, n'entends-tu pas le sang couler. Sous le train, là, des ruisseaux de sang, je les entends couler. La ferme, petit merdeux, a dit un soldat allemand, et il a frappé le Polonais en pleine poitrine avec la crosse de son fusil, si violemment que la victime s'est effondrée, en vomissant glaire et sang, et l'a entraîné dans sa chute, car ils étaient attachés l'un à l'autre par des menottes. Si Rudi était là, dans le train allant de Dijon à Compiègne, la nuit, avec le Polonais et avec Manuel-Gérard, le compatriote de Marga ?

Il n'a jamais été transféré à Compiègne. Au lieu de cela, il est rentré dans son pays en même temps que ses compatriotes, depuis la France jusqu'à Vienne, en passant par Trèves, Regensburg, Nuremberg et Würzburg. Ou par Karlsruhe, Bruchsal et Linz. Peut-être a-t-il été enfermé, comme moi, en gare de Karlsruhe, dans un wagon de détenus, à l'intérieur d'une cellule étroite avec une petite fente donnant sur la cellule voisine. Et peut-être est-il entré lui aussi, à travers cette fente, en contact avec un criminel allemand qui, en guise de main gauche, portait un crochet en fer, comme un pirate. Et l'homme lui a raconté qu'il s'était lui-même tranché la main. Il avait été, a-t-il chuchoté, envoyé par les nazis dans une tourbière où les détenus devaient extraire la tourbe ou la transporter sur des brouettes, et celui qui ne remplissait pas sa corvée quotidienne de mètres cubes de tourbe se faisait tabasser. C'est pourquoi il s'était mutilé, et d'ailleurs il n'était pas le seul : ils étaient nombreux à le faire et à recevoir après la guérison un crochet vissé dans le moignon ; ils étaient alors aux anges, comme lui, car, avec un crochet, on ne pouvait plus que pousser la brouette, et ce travail, comparé à l'extraction de la tourbe, était un pur plaisir.

Friemel ne s'est pas laissé impressionner par ses propos. Il a pensé, cet homme ment peut-être, il a peut-être perdu sa main dans un accident du travail, et de toute façon, nous autres, combattants de la guerre d'Espagne, ne sommes pas des criminels comme l'homme au crochet. Nous serons mieux traités. Et il a été effectivement mieux traité, à Vienne, dans cette maison d'arrêt de la Promenade Elisabeth qu'il connaissait pour y avoir, en 34 ou 35, attendu son procès.

Je ne sais pas qui a été le juge rapporteur de Rudi à la direction de la Gestapo, à la Morzinplatz. Le hasard a peut-être voulu que l'inspecteur judiciaire qui avait été commis à son procès en 1934, sous l'austrofascisme, et qui était passé à temps du côté des nazis, fût chargé de l'affaire. Leur passé commun de chasseur et de bête traquée a dû éveiller en cet homme ce sentiment complexe que partagent les frères d'armes ; cela expliquerait pourquoi Rudi a obtenu, juste quelques jours après son arrivée, l'autorisation d'écrire une carte à son père. Entre les hommes de la Gestapo et les fonctionnaires de justice de la Liesl – surnom presque affectueux donné à la maison d'arrêt –, il y avait une certaine concurrence. Ils s'enviaient mutuellement leurs prisonniers. Un exemple : lorsqu'un fonctionnaire de la Gestapo m'a reconduit à la Liesl après un interrogatoire à la Morzinplatz, l'homme m'a fait signe de m'arrêter devant un bureau de tabac. Il m'a glissé un ticket dans la main. Achète-toi une boîte de « Sport », a-t-il dit, et, lorsque je suis ressorti du magasin, il a ajouté : Ne te les laisse pas piquer par le « fromage ». Le « fromage », c'était le nom que l'on donnait au gardien en Autriche. Rudi aura su tirer profit de la méfiance mutuelle entre la Gestapo et les gardiens de police. De plus, on peut penser qu'il a retrouvé à la Liesl d'anciennes connaissances parmi les gardiens retraités qui avaient dû reprendre du service, leurs collègues plus jeunes ayant été enrôlés dans la Wehrmacht. Car Rudi a été particulièrement bien traité à la Liesl. Il écrit dès la première carte adressée à son père qu'il est employé aux travaux d'entretien. Une place privilégiée. Ceux qui accomplissent ces tâches ne sont pas obligés de rester toute la journée dans leur cellule, ils ne crèvent pas de faim, puisqu'il reste toujours du rab pour eux au moment de la distribution des repas, ils peuvent faire de la contrebande de cigarettes, lire le journal et transmettre des messages clandestins. Ces employés ne se sont pas tous bien conduits. Je me souviens d'un détenu qui, comme les prisonniers de droit commun, réclamait un mark par cigarette. C'était un combattant de la guerre d'Espagne, mais un pauvre type, contrairement à Rudi.

Il a écrit sa dernière lettre à ma mère en juillet 39, alors qu'il était encore interné au camp de Gurs. C'est une lettre au ton froid, mesuré, dans laquelle il demande, comme entre ses dents, le divorce par consentement mutuel. Il fonde sa requête sur le fait que leur mariage n'existe plus que sur le papier, qu'il ne s'écartera pas de la voie qu'il a choisie et qu'un retour chez lui est impensable, étant donné les événements. Il ne se soustraira pas à ses obligations matérielles, cela va de soi, mais, si elle en doute, il lui laisse la possibilité d'engager la procédure aux torts exclusifs de l'époux. L'affaire presse, écrit-il, car c'est seulement en tant que célibataire qu'il a des chances de partir au Mexique ou en Argentine et l'espoir de trouver du travail et de gagner sa vie. Il ne donne pas d'autre raison. C'est à cette époque qu'elle a appris, indirectement, qu'il avait une liaison. Elle n'en a jamais parlé. Je suppose que cela lui faisait mal.

Dans sa lettre, mon père affirme aussi qu'il ne m'a pas oublié. Il m'aime, écrit-il, plus que jamais. Il souhaiterait tant m'avoir auprès de lui pour me montrer sa vie, qui n'est pas aussi mauvaise que ma mère le croit peut-être. Il espère qu'elle essaie de faire de moi un homme dont son père n'aura pas plus à avoir honte qu'elle. « Et quand je serai mort, alors dis-lui que son père n'a cessé de penser à lui, qu'il serait volontiers resté avec son fils, si cela avait pu se faire ; il faudra aussi que grand-père lui raconte la face cachée de ma vie, celle que toi, tu n'as jamais connue, ni ne pouvais connaître. »

Conformément à ce qu'il souhaitait, ma mère a demandé le divorce par consentement mutuel. Elle a donc renoncé à une pension alimentaire. Je suis étonné qu'elle ait accepté de lire la lettre. Le courrier passait normalement par mon grand-père qui l'envoyait à ma mère, et celle-ci bien souvent le lui retournait. Elle n'ouvrait même pas les enveloppes. Dans les affaires laissées par mon grand-père, j'ai trouvé une note : « La dernière lettre adressée à Paula a été retournée. »

En tout cas, le mariage a été dissous. Le divorce a été prononcé par le tribunal de grande instance de Vienne, le 16 août 1941. Vu sous cet angle, lorsque mon père a été incarcéré le 14 septembre, il était un homme libre.

Lorsqu'il a été coffré, mon passage à Dachau était déjà de l'histoire ancienne. Ils l'ont fourré dans la cellule 78a, au quatrième étage, moi, ils m'avaient sorti quelques semaines auparavant de la 44a, au deuxième étage. Je suppose que sa cellule était à peine différente de la mienne : assez vaste, une salle en fait, avec quatre ou six couchettes et une bonne douzaine de prisonniers. Dans un coin, bien visibles, les latrines. Ceux qui n'avaient pas de lit dormaient sur des paillasses que l'on entassait dans un coin pendant la journée. Nous formions une société mélangée, tous prisonniers politiques à la disposition de la Gestapo : cinq ou six combattants de la guerre d'Espagne, un ouvrier, qui s'était cassé la cheville à Pâques, en faisant du ski, et qui avait été appréhendé pendant son transport à l'hôpital pour constitution d'une cellule communiste, un filou, qui s'était fait passer pour un *Hauptsturmführer* au Semmering, bien qu'il n'ait appartenu ni à la NSDAP ni aux SS, un escroc, dont le délit m'a échappé, un diplomate serbe, qui avait été arrêté après l'invasion de la Yougoslavie par Hitler, un vagabond français, qui, pour des raisons obscures, avait choisi l'Allemagne nazie comme lieu de destination, un colonel à la retraite, qui avait dénoncé sa femme de ménage en l'accusant d'écouter des radios ennemies, et enfin un communiste autrichien d'origine juive, que les services secrets soviétiques avaient livré à la Gestapo. Il s'appelait Franz Koritschoner, n'avait pas cinquante ans mais déjà l'allure d'un vieillard. Tandis que les autres combattants de la guerre d'Espagne s'écartaient de lui comme d'un lépreux, je m'arrangeais pour me retrouver à son côté pendant la nuit. C'est ainsi que j'ai appris ses aventures en Union soviétique, où il avait passé plusieurs années, dans différents camps au bord de l'océan glacial Arctique, en tant que prétendu espion nazi ou trotskiste, ce qui, pour nous, à l'époque, ne faisait pas de différence. Il y avait attrapé le scorbut, et avait perdu toutes ses dents. Il n'était pas aigri malgré son sort. Il croyait dur comme fer que l'erreur de tir en Union soviétique – il disait : « l'erreur de tir » – serait corrigée. En ce qui concernait son avenir, il était relativement optimiste. Dans un camp de concentration allemand, cela ne pouvait pas être pire qu'à Vorkouta ou sur les bords de la Petschora. La Gestapo avait informé sa sœur qu'il serait transféré à Mauthausen. Mais, comme je devais l'apprendre après la guerre, Koritschoner a finalement atterri à Auschwitz. Son décès a été enregistré le lendemain de son arrivée, le 8 juin 1941. Rudi n'a donc pas pu le rencontrer, ni dans un camp ni dans l'autre.

J'imagine que la cellule de Rudi était occupée par le même genre de détenus que la mienne : des compagnons de la guerre d'Espagne, que leur courage n'avait toujours pas abandonné, des résistants, qui s'attendaient au pire et avaient besoin de notre piètre réconfort, des escrocs, qui, au milieu de ces temps terribles, s'étaient laissés aller à de petites combines qu'ils payaient de leur tête. Mais il ne devait pas y avoir de prisonnier comme Koritschoner dans la cellule 78a, et je ne sais pas si une telle présence aurait été pour Rudi agréable, désagréable, ou bien indifférente.

Je ne suis pas en mesure de dire si, à l'époque, Rudi s'attendait déjà à se retrouver à Auschwitz. Il espérait probablement être transféré à Mauthausen, en Allemagne. Bêtes et confiants comme nous l'étions, par patriotisme, nous avons tous rêvé d'être envoyés là-bas. Nous ne soupçonnions pas l'existence de la carrière, de l'escalier, ni des galeries de la mort. En tout cas, Rudi savait qu'un camp de concentration l'attendait, car, dans sa carte du 24 septembre, il écrit à son père qu'il n'est là sans doute que pour quelques semaines. Il lui demande des tomates, du poivron vert, quelques fruits, un petit tube de dentifrice, une vieille chemise de nuit, des semelles de chaussures. Il le prie de se présenter, un mardi à 14 h, chez son juge rapporteur, à la direction de la Gestapo, Morzinplatz, bureau 274. Il lui demande encore de venir prendre son linge sale (le mardi également, entre 17 h 30 et 18 heures). Mais, comme le trahit le ton volontairement badin, c'est sa prière de s'enquérir auprès de la *Auslandsorganisation* de la NSDAP à Paris de l'adresse de Margarita Friemel-Ferrer qui semble la plus pressante. « Tu es étonné ? écrit-il. Cela ne fait rien ! Donne mon adresse à la *Ausl.-org* en la priant de la transmettre à Margarita. Joins les frais de port pour la réponse. » Je suppose que son père, qui était habitué à ce genre de démarches, a pu immédiatement obtenir de la Gestapo une autorisation de visite. En général, les entrevues entre les détenus et leurs proches avaient lieu en présence d'un gardien et d'un fonctionnaire de la Gestapo, au rez-de-chaussée de la maison d'arrêt, à gauche après l'entrée, au parloir. Un grillage séparait les prisonniers des visiteurs. Le temps de visite était limité à trois minutes. Une réelle conversation était impensable dans ces conditions. Cependant, dans le cas de Rudi Friemel, je pense qu'il pouvait largement dépasser le temps réglementaire lorsqu'il rencontrait son père. Ou bien ils réussissaient à échanger des nouvelles grâce à un gardien courageux qui servait de messager. La deuxième carte que Rudi adresse à son père, datée du 10 novembre, laisse penser que sa situation a donné lieu à une étude approfondie. Paris a dû demander à Clemens Friemel l'envoi de renseignements complémentaires pour faciliter les recherches concernant Mme Margarita Friemel-Ferrer, car Rudi écrit qu'il espère que son père a déjà reçu et transmis les informations requises. « Tu ne sais pas de quel poids énorme tu me soulagerais si tu arrivais à découvrir l'adresse de Marga. » Il se réfère ensuite à la « requête en question », qu'il a déposée et « dont il n'a jusqu'à présent aucune nouvelle. » « Je demanderai la permission de rester le plus longtemps possible ici, à Vienne, si ma requête est rejetée. » Aucun de ceux d'entre nous qui étaient détenus par la Gestapo n'a jamais déposé de requête. Elle n'aurait pas été prise en compte. Je suppose donc que Rudi, dès le début, a défendu son intention d'épouser son Espagnole avec une telle insistance qu'il a même réussi à impressionner les hommes de la Gestapo. Car sa requête ne peut concerner qu'une demande d'officialisation de mariage. Une autre lettre indique qu'aucune décision n'a été encore prise à ce sujet.

Voici le courrier qu'ils ont présenté à chacun d'entre nous. Il portait toujours le même en-tête, la même signature, la même phrase principale : *Reichssicherheitshauptamt* Berlin S W 11, Prinz-Albrechtstrasse 8. Signé Heydrich. « Motif de l'ordre de détention : d'après le résultat de l'enquête de police, menace par sa conduite l'existence et la sécurité du peuple… » La nuance apparaissait dans la formulation de la phrase subordonnée, mais même là les bureaucrates de Berlin n'avaient que quatre ou cinq variantes à leur disposition. Celle qui a été choisie pour lui comme pour moi disait : « … car, dans la mesure où il a mené une action marxiste importante et participé à la guerre civile en Espagne aux côtés des Rouges, on peut craindre, en cas de libération, qu'il ne profite de l'état de guerre pour nuire au Reich. »

Son ordre de détention a été établi dès le 1er octobre 1941. Il l'a recopié le 12 décembre, à 15 heures, dans cette cellule commune, située au rez-de-chaussée de la maison d'arrêt, où nous étions transférés peu avant notre départ. Cela voudrait dire qu'il est parti le 13 ou au plus tard le 16 décembre. Le voyage a donc duré longtemps, avec de nombreux détours. La campagne de Russie battait son plein, les voies ferrées en direction de l'Est étaient surchargées. Tout le matériel roulant partait vers la victoire, disait-on. Rudi ne faisait pas partie des vainqueurs, et son convoi a dû sans cesse s'arrêter. Car il est établi qu'il est arrivé seulement le 2 janvier 1942 à Auschwitz, avec un transport groupé. Les dix-huit prisonniers ont reçu les numéros allant de 25167 à 25184. Rudolf Friemel a eu le numéro 25173.

Je suis rentrée en Espagne début octobre 41. À Montauban, j'avais la Gestapo sur les talons. Mon frère combattait dans la Résistance, et je fournissais à son groupe argent et tracts. Assez vite, les Allemands ont commencé à avoir des soupçons. Ils m'ont interrogée pour la première fois à la maternité. J'avais accouché à cinq heures du matin, et à huit heures ils étaient déjà à mon chevet. Quatre semaines plus tard, ils ont mis ma chambre sens dessus dessous, mais n'ont trouvé que les justificatifs de neuf virements.

Et ça, ont-ils demandé.

Ah ça, ce n'est rien, ai-je dit, ce sont juste des versements de pension.

Quoi, de neuf hommes différents ? Vous n'allez tout de même pas prétendre que vous entretenez une liaison avec chacun d'entre eux !

Eh bien si, justement, ai-je répondu.

Ils ont exigé que je le leur confirme par écrit. J'ai donc certifié que j'étais la concubine des neuf hommes. Le surlendemain, j'ai filé. Je savais que si j'attendais ils m'auraient.

J'avais en réalité deux raisons de repasser la frontière. D'abord, le parti espagnol avait décrété que tous ceux qui pouvaient en prendre le risque devaient rentrer. Leur mot d'ordre était formel. Et je n'ai pas hésité longtemps. S'ils m'avaient dit d'être devant la fontaine de Cibelès à minuit tapant, en petite culotte mouchetée, je l'aurais fait. C'était ainsi, à l'époque. Et puis je voulais savoir mon fils en de bonnes mains. Julián avait juste un mois. Et avec la Gestapo dans le dos, je ne pouvais pas me permettre de rester en France. Je ne tenais pas tant à avoir un enfant. C'est la faute de Fernando. Il n'a pas fait attention. Une fois l'enfant là, je me suis réjouie, bien sûr, mais avant… Je savais dans quelle situation nous nous trouvions. En tout cas, j'étais consciente d'une chose : j'avais désormais la charge d'un enfant qui n'était coupable en rien des difficultés et des combats de ses parents. C'est justement cela que je reproche à Rudi, de ne pas avoir pensé à l'enfant. J'ai tout fait pour protéger mon fils et le faire prendre en charge dans le cas où ils m'attraperaient, et ils m'ont attrapée.

Je me suis donc mise en route le 1er octobre. Le 2, j'étais à Perpignan, chez Fernando, pour lui dire au revoir et lui permettre de prendre enfin son fils dans ses bras, et, le 4, j'ai passé la frontière à Port-Bou. J'avais à peine posé le pied sur le sol espagnol qu'un essaim de nonnes et une troupe de la Guardia civil me sont tombées dessus. L'Espagne regorgeait en ce temps-là de nonnes et de *Guardias*, ils s'étaient posés là comme des vagues de sauterelles et ravageaient le pays. Les gendarmes m'ont aussitôt interrogée. Mais cela ne leur a servi à rien. Je leur ai menti dans les règles. Je crois que je n'ai jamais aussi bien su mentir que sous Franco. Pas un mot du fait que j'avais passé les années de guerre à Barcelone. J'étais aide-soignante, ai-je dit, dans un hôpital de Madrid. Mais je n'y avais vécu que jusqu'à seize ans. C'était logique qu'ils n'aient rien trouvé sur moi dans leurs fichiers. Ils m'ont donc relâchée. Et je suis partie à Minorque, où j'avais des oncles et tantes, les frères et sœurs de mon père. Ils étaient cousus d'or. Tant mieux pour mon fils, ai-je pensé. Chez eux, j'ai pu m'occuper de lui, il y avait du lait, du pain, des légumes, et même un lit bien chaud. Je suis restée à Minorque jusqu'aux sept mois de Julián, puis je suis remontée avec lui à Madrid. Les parents de mon mari voulaient bien entendu voir enfin leur petit-fils. De plus, Fernando était rentré entre-temps en Espagne, avec un transport d'invalides. Ils l'ont laissé passer. Il n'avait pourtant rien trouvé de mieux à la frontière que de chanter *La Marseillaise* d'une voix tonitruante. Les gendarmes français s'étaient mis au garde-à-vous en l'entendant, mais un phalangiste, qui dressait l'oreille dans un véhicule voisin, avait voulu le faire arrêter immédiatement comme provocateur.

Depuis leur départ, je n'avais reçu aucun signe de vie de Rudi et de Margarita. Ce n'est que bien plus tard que j'ai appris que ma sœur avait atterri dans une localité de la Forêt-Noire. Elle restait debout quatorze à seize heures par jour, comme bonne à tout faire dans une boucherie, et le petit Edi avait été placé dans un foyer pour mères célibataires. Elle n'avait le droit de le voir qu'une fois par semaine. On la regardait de travers, car on la prenait pour une Juive à cause de ses cheveux noirs, la directrice du foyer la faisait marcher à la baguette, la femme du boucher la trouvait trop lente, et elle n'avait aucune nouvelle de Rudi. Elle était totalement désespérée, et c'est pourquoi elle a écrit à notre famille à Minorque. Elle espérait que nos parents leur donneraient asile, à elle et à son petit Edi. Mais ils n'ont rien voulu entendre, sans doute estimaient-ils avoir suffisamment rempli leur devoir de chrétiens avec moi. Ils ont été tout de même assez bons pour informer Marga qu'on pouvait me joindre à l'adresse de mes beaux-parents, à Madrid, au numéro 16 de la Calle Embajadores, et ma sœur m'a envoyé des nouvelles, dans l'espoir que je pourrais l'aider. Mais comment aurais-je pu l'aider, j'étais moi-même dans une sale situation, derrière les barreaux. Lorsque sa lettre est arrivée à Madrid, on m'avait déjà arrêtée. Ma belle-mère me l'a lue à Ségovie, à la prison pour femmes, pendant la visite. Fernando était lui aussi en prison. Et c'était sa mère qui s'occupait de notre petit garçon. Julián n'avait même pas deux ans : il avait un an et onze mois.

J'avais vingt et un ans et dix mois lorsque notre convoi est arrivé au camp, le 6 octobre 1942, neuf mois après celui de Rudi Fricmel, dont je ne soupçonnais pas l'existence à l'époque. D'ailleurs, où aurais-je pu faire sa connaissance ? Vienne n'est pas un village, j'ai treize ans de moins que lui, et la politique ne m'avait que très peu intéressée jusque-là. Pourtant, j'avais manifesté dès l'enfance un sens de la justice très prononcé qui avait plus d'une fois poussé ma mère au bord du désespoir. Mais je n'ai jamais adhéré à un parti. Mon père était juif et, comme les mariages entre membres de confessions différentes étaient interdits, ma mère, qui venait d'une famille de baptistes de Dresde, avait adopté la religion juive. Je n'avais que trois ans quand mes parents se sont séparés et ont commencé à mener un combat acharné pour obtenir le droit de garde. Mon beau-père, que j'aimais beaucoup, était un célèbre avocat en droit pénal. Il est mort prématurément, et sa mort a marqué la fin de notre aisance matérielle. Ma mère a pu me payer le lycée jusqu'en quatrième, puis j'ai dû le quitter. Juste après, ma grand-mère est passée sous une voiture, et je suis partie pendant trois mois à Dresde pour la soigner. En dehors d'un oncle par alliance, tous les frères et sœurs de ma mère étaient des nazis convaincus, deux d'entre eux depuis le début des années 20. Cela ne les empêchait pas d'avoir de l'affection pour moi. Les voisins, eux aussi, continuaient à se montrer aimables envers moi ; d'abord, ils me connaissaient depuis ma naissance, ensuite, ils me considéraient comme une étrangère que les événements en Allemagne ne concernaient pas, enfin, le quartier où habitait ma grand-mère avait été autrefois un fief communiste et opposait encore à cette époque une certaine résistance aux nazis.

À mon retour, ma mère m'a casée comme apprentie de bureau dans la fabrique de céramique Goldscheider. J'y ai appris des choses aussi utiles que apporter le casse-croûte aux employés, préparer le thé ou le café, dépoussiérer les machines à écrire et les meubles de bureau, empiler de vieux classeurs à la cave. Si c'est tout ce que je peux apprendre ici, ai-je pensé, autant abandonner, et c'est ce que j'ai fait sans plus attendre. Ma mère a voulu alors me fourrer dans une école de commerce privée. Son projet a traîné pendant un an, car j'ai dû à nouveau m'occuper de ma grand-mère, à Dresde. Ma scolarité a enfin commencé à l'automne 1937, mais cette plaisanterie n'a duré qu'un semestre.

Le soir du 11 mars 1938, j'avais pris rendez-vous avec un ami au café Börse. Quelque part dans le fond, une radio jouait en sourdine, et nous n'y avons pas prêté attention, jusqu'à l'interruption brutale du programme peu avant huit heures. « Je constate devant le monde. » C'était le discours d'adieu de Schuschnigg. Céder à la violence, ne répandre le sang allemand à aucun prix, la parole allemande, ses vœux, et que Dieu protège l'Autriche. Nous avons quitté le café, complètement ahuris. Le Ring était déjà barré par des fils de fer barbelés. La nuit même, j'ai accompagné ma mère au dancing du café Herrenhof, où elle voulait prévenir ses amis juifs. Des pompiers arrachaient déjà les banderoles du Front patriotique qui appelaient à un oui en faveur de l'Autriche. À l'angle de la Schottengasse, un homme aux cheveux bruns, avec des lunettes et un assez grand nez, avançait dans notre direction lorsqu'un autre homme, un nazi portant un brassard, s'est rué sur lui : Espèce de sale Juif, je vais te faire ta fête, et il l'a frappé si fort au visage que les lunettes ont valsé. Le passant aux cheveux bruns a alors saisi son agresseur au collet et lui a assené deux revers, puis il lui a dit très calmement : Je ne suis ni un Juif ni un sale Juif, mais pour la gifle que tu as voulu donner à un Juif, en voilà deux en retour. Il s'est ensuite baissé pour ramasser ses lunettes, les a remises en place, et a continué tranquillement son chemin.

Le lendemain, je suis allée à l'école. Dans la Rauhensteingasse, devant l'entrée bloquée par des SA, quelques élèves se trouvaient déjà là. Le bruit courait que l'école allait être fermée parce que ses directeurs, les frères Allina, étaient juifs. Nous sommes restées plantées pendant une heure et demie, sans savoir quoi faire, puis nous sommes rentrées à la maison. Dans la vitrine de la pâtisserie Lehmann, sur le Graben, une pancarte affichait : « Entrée interdite aux Juifs et aux chiens », un peu plus loin, j'ai vu des Juifs agenouillés sur le pavé, et, à côté d'eux, des passants hilares, vociférants, qui les forçaient à effacer une croix potencée avec des brosses à dents. Le même jour, on a sonné à notre porte, et, derrière, se tenait un autre type avec un brassard à croix gammée, il a demandé à voir le sale Juif Kurt Rosenfeld, c'est-à-dire mon beau-père, ce à quoi ma mère a répondu en souriant : Pour cela, vous devez vous rendre au cimetière central, porte 4, il y repose depuis 1931.

Au dernier étage de notre immeuble habitait un restaurateur de tapis, un certain Tesar. Il avait déclaré quelques semaines plus tôt chez l'épicier qu'il s'était procuré à toutes fins utiles les cartes de membre des trois partis : le social-démocrate, le chrétien-social et celui, illégal, des nazis ; pour le moment, il s'employait à délester la famille Wassermann, au premier étage, de ses bijoux, de son argenterie et de sa pendule. Par chance, un frère de ma mère, qui avait pris part en tant que soldat à l'entrée des troupes allemandes, s'est installé chez nous au bout de quatre jours, ce qui a fait une bonne impression dans la maison. Oncle Alfred était épouvanté des excès, qui dépassaient en brutalité tout ce qu'il avait pu voir en Allemagne. Il ne t'arrivera rien, a-t-il dit à ma mère, mais Dagmar a un père juif. Là-bas, dans le vieux Reich, au sein de la famille, je serais déjà en de meilleures mains.

Lorsqu'il a quitté Vienne avec son side-car, j'étais dans la remorque, dissimulée sous une capote militaire et un képi. J'ai travaillé sans problème dans une fabrique de vêtements à Dresde pendant deux ans, puis Zeiss-Ikon m'a obligée à rejoindre une unité juive, j'ai dû porter l'étoile jaune et déménager dans un appartement communautaire réservé aux Juifs. Un fonctionnaire de la Gestapo, qui était constamment sur mes talons, m'a prévenue que je devais cesser d'avoir tout contact avec des hommes, aussi bien juifs qu'aryens. Je ne l'ai pas écouté. Mais c'est ma logeuse, dont la fille était une collègue de travail, qui a été à l'origine de mon malheur. Pendant l'interrogatoire de la *Geheime Staatspolizei*, elle a révélé que j'avais appelé ma mère d'une cabine téléphonique, ce qui était strictement interdit à une demi-Juive. En août 1942, j'ai été convoquée par la Gestapo. Les fonctionnaires ont assuré à mon oncle, qui m'avait accompagnée dans son uniforme de la Wehrmacht, qu'on ne me garderait qu'une semaine. La cellule de la prison s'est remplie, il n'a plus été question de me relâcher. Au cours d'une nuit, fin septembre, j'ai été appelée pour signer mon ordre de détention. J'ai atterri à Berlin-Alexanderplatz, puis à Ravensbrück. Un grand convoi de Juifs est parti de là, trois jours plus tard.

C'était un train de voyageurs. Les portes en avaient été verrouillées et des SS s'étaient installés aux deux extrémités du wagon. Nous avons traversé un pays plat, qui m'a paru triste et nu ; dans une gare où l'on a chargé de l'eau, on a entendu des voix polonaises au milieu des crissements de bottes des sentinelles, et soudain le mot est tombé, le mot clé. Je n'ai compris sa signification qu'après notre arrivée, lorsque, au petit matin, entre quatre et cinq heures, nous avons été poussés par une meute de chiens dans un enclos de barbelés.

Nous avons dû nous mettre en rangs ; devant nous, des SS, dont l'un mesurait facilement deux mètres, et, derrière eux, des baraquements et des cabanes, autour desquelles des formes humaines se pressaient, irréelles, le crâne rasé, un camp pour hommes, ai-je pensé, ils nous ont amenées dans un camp pour hommes, et peu à peu le jour s'est levé, peu à peu je me suis sentie faiblir, tiens bon, ils vont nous faire rompre les rangs, puis une montagne a surgi dans la grisaille blafarde, presque aussi haute que l'un de ces baraquements, et cette montagne était en bois mort, bizarre, ces branches, puis la grisaille s'est éclaircie, j'ai vu quelque chose bouger dans les branchages, quelque chose bouge, ai-je murmuré, tandis que les lèvres de ma voisine tremblaient sans bruit, et alors j'ai vu le bois mort, les branches, le monceau de cadavres, des cadavres desséchés, noueux, entassés, ou plutôt jetés les uns sur les autres, mais tout le monde était mort, rien n'avait bougé.

Allez, allez, remuez-vous ! ont crié les SS lorsque notre convoi est entré en gare, seize mois après l'arrivée de Rudi. Il faisait terriblement sombre, c'était la nuit et on avait décrété le couvre-feu. Ils nous ont menés au pas de course jusqu'au camp, où ils nous ont enfermés, à l'extérieur de l'enceinte, dans le bâtiment d'accueil encore en construction. Nous n'avons franchi le portail qu'au petit jour. Puis le bloc, la douche, la tonte, l'enregistrement. De nouveaux vêtements, des sabots en bois. La métamorphose de l'ennemi du peuple en matricule. Mais il serait faux de dire que nous avons saisi tout de suite l'ampleur du cauchemar. Pourtant, nous n'étions pas dupes. Nous savions plus ou moins ce qui se passait dans les camps de concentration. Je le savais déjà depuis 1933, depuis que j'avais lu dans les journaux autrichiens qu'on y massacrait des hommes, mais que officiellement on disait : Abattu durant une tentative d'évasion. (Je ne connaissais pas le sport favori des SS, le lancer de casquettes.) Je savais aussi qu'on pendait les détenus qui tentaient de s'échapper. (Mais je ne connaissais pas le supplice de la faim dans la caisse, les coups de pistolet dans la nuque contre le Mur noir, la balançoire de Boger pendant les interrogatoires.) Je crois aussi me souvenir avoir entendu parler de l'extermination des Juifs pendant notre voyage. Un codétenu avait affirmé que Thomas Mann l'avait dénoncé à la radio américaine. Mais peut-être ma mémoire me trahit-elle, c'est pourquoi je m'en méfie : elle mélange les faits et les rumeurs, ne respecte aucun ordre chronologique, n'obéit pas au calendrier, mais aux saisons. Par exemple, la journée qui me revient toujours à l'esprit quand je pense à Rudi Friemel est celle d'une banale journée de Toussaint : froide et grise, avec des arbres nus, des flocons de neige épars. Au début, en tout cas, ma terreur était relative. Ce n'est qu'avec le temps que j'ai compris où j'avais atterri.

Nous avons passé les premiers jours au bloc de quarantaine. Quelques prisonniers politiques ont usé de tous les prétextes pour entrer en contact avec nous. C'est par eux que j'ai entendu parler pour la première fois des chambres à gaz. Je m'étais attendu à des passages à tabac, à des coups de pied, au gibet même. Mais pas à ça. Une nouvelle peur est née de cette certitude : les SS tuent les prisonniers en les asphyxiant. En les arrosant de phénol. Cependant, il y avait plusieurs Auschwitz. Le Grand Camp, où j'ai atterri, et avant moi Rudi

Friemel, appartenait d'après la terminologie officielle à la classe I des camps. Ce n'était pas un camp d'extermination de masse, à la différence de Birkenau. À Auschwitz I, avec un peu de chance et d'habileté, un Aryen pouvait survivre. De plus, nous étions des privilégiés ; en tant qu'Allemands du Reich, nous nous trouvions au sommet de la hiérarchie établie par les nazis, au-dessus des Tchèques et des Européens de l'Ouest, les Français et les Belges, qui à leur tour avaient de plus grandes chances de survie que les Yougoslaves, les Polonais, ou même les Russes. Nous avions le droit de recevoir des lettres et même des paquets. Nous comprenions ce que les SS hurlaient. Même l'intonation de nos voix nous avantageait, car il arrivait qu'elle leur rappelât leur enfance. La cohésion parmi les prisonniers politiques avait aussi son importance. Lorsque je suis arrivé, des représentants de plusieurs nations, et pas seulement des Polonais et des Autrichiens, appartenaient déjà au mouvement de résistance, le groupe de combat d'Auschwitz, comme nous l'appelions. Ils se réunissaient au baraquement n° 4, sous l'escalier de la cave, dans un réduit où l'on rangeait les seaux, les balais et les chiffons. Les prisonniers politiques venaient vous voir pour vous expliquer comment vous comporter, et cela pouvait suffire à vous sauver la vie. J'étais étudiant en droit avant d'arriver à Auschwitz. Je me trouvais encore en quarantaine, quand un dessinateur viennois m'a convaincu de ne pas me déclarer étudiant mais peintre en bâtiment devant la commission qui m'affecterait à un *Kommando* de travail. Je n'avais jamais touché à un pinceau de ma vie. Et alors, a-t-il dit, tu apprendras très vite et, dans le cas contraire, personne ne s'en apercevra. C'est ainsi que j'ai obtenu une place dans un bon *Kommando* ; je n'avais pas besoin de travailler à l'extérieur, je circulais beaucoup à l'intérieur du camp, et j'ai pu assez vite chiper des lames de rasoir et des bobines de fil que j'échangeais facilement contre des chaussettes et des cubes de margarine, tout en passant aux yeux des SS pour un ouvrier qualifié dont la vie pesait plus que celle de la plupart des autres détenus.

Rudi Friemel, lui, n'a même pas eu besoin de mentir. Mécanicien de métier, il avait de la veine. Il a peut-être travaillé dès le départ au service d'entretien des véhicules des SS. L'atelier se trouvait à l'extérieur du camp proprement dit, derrière les quartiers du *Blockführer*. C'était une longue baraque en bois, recouverte de tôle ondulée, sur un terrain clos, on y révisait des camions, des voitures et des motos. À l'automne 44, des carcasses de chars de la division SS des Jeunesses hitlériennes y ont été amenées pour être remises en état. La maintenance des véhicules était confiée à une équipe de spécialistes. Friemel prenait lui-même le volant, il sortait et rentrait les voitures. Il est fort possible que son chef d'équipe ait été lui-même mécanicien. Dans ce cas, ils étaient donc collègues et le SS a vite compris que Friemel était hautement qualifié. Et il ne lui a pas refusé son estime, d'autant plus que Friemel avait de l'aplomb, sans être toutefois ni arrogant ni servile. Je me souviens que le *Unterscharführer* de l'équipe des électriciens, qui avait un bateau à moteur amarré sur la Sola, est venu le voir un jour : Dis donc, mon bateau ne peut pas démarrer. Viens le voir. Tu t'y connais en moteurs. Et les voilà tous les deux qui dégringolent jusqu'au fleuve ; Rudi a démonté et remonté le moteur, il l'a mis en marche, et tous les deux ont poussé un hurlement de joie, qui a retenti loin à la ronde. Je me rappelle encore qu'il m'a glissé en cachette du linge et du pain pour les femmes lorsque j'ai été envoyé à Birkenau pour numéroter les baraquements et peindre des slogans du type : « Un pou et tu es mort » ou bien « Il n'y a qu'une voie vers la liberté. Les jalons en sont : le zèle, l'amour de la patrie, la propreté, l'obéissance… » Dans le camp, Rudi n'avait rien de commun avec ces trop nombreux privilégiés qui accumulaient leurs trésors et qu'il valait mieux ne pas taper. Il était connu, on l'aimait, c'était un modèle : quelqu'un qui pouvait t'aider. Un dimanche après-midi, il m'a offert une poignée de médicaments pour des Autrichiens malades qui venaient d'arriver avec un convoi. Des médicaments ! Celui qui possédait de l'aspirine passait au camp pour un homme riche.

À l'atelier de maintenance des véhicules, la nourriture était meilleure qu'ailleurs, on pouvait sans doute se procurer des restes à la cuisine des SS, et Friemel avait l'air bien nourri, de même que Vesely, un joyeux luron qui servait de secrétaire, une sorte d'adjudant de Friemel en somme ; les deux passaient pour inséparables, et il me semble que Friemel se sentait d'une certaine manière responsable du jeune garçon, il lui rappelait peut-être sa propre jeunesse. Friemel était toujours de bonne humeur, joyeux, c'était un homme fort, qui croyait fermement qu'il était possible de survivre à l'enfer du camp. Marxiste convaincu, moralement inébranlable, il n'a pas adhéré au parti par opportunisme, c'est au contraire par conviction profonde qu'il a rompu avec la politique des socialistes et rejoint le PC. Quand, ça je ne le sais pas. Sans doute en 1941, après l'invasion allemande en Union soviétique. Ce n'était donc pas parce qu'il en attendait quelque chose pour lui-même. En tout cas, une chose est sûre : Friemel était communiste. Ernst Burger, que j'aimais bien, car c'était un jeune ouvrier sensé, m'a parlé de Friemel et de son travail : il m'a raconté que Friemel avait été très actif et qu'il avait fourni des informations aux autres, car il avait la possibilité d'écouter la radio.

Plus tard, Friemel m'a décrit l'ambiance à l'atelier. Avec les SS, ils avaient d'assez bons rapports, qui s'étaient développés avec le temps, et tout le monde avait terriblement tendance à se soûler. Un jour, ils n'avaient plus rien à boire et, je m'en souviens comme s'il me l'avait raconté hier, les prisonniers de droit commun ont avalé de l'alcool de méthylène, ils l'avaient fabriqué eux-mêmes avec de l'essence ou du pétrole, un mélange quelconque. Après cela, deux d'entre eux ont perdu la vue et d'autres ont dû être transportés au baraquement des malades, où ils sont morts. C'était la conséquence du découragement, du manque de perspectives qui s'étaient propagés parmi les Allemands après la défaite de Stalingrad.

Lorsque j'ai été transféré à Auschwitz, en août 1942, il était déjà là. À Dachau, un compatriote m'avait dit, écoute-moi bien, à Auschwitz, il y a quelqu'un d'important, c'est Ernst Burger. J'ai été affecté aux écritures dans le baraquement des malades, et là, les SS tenaient un gigantesque fichier dans lequel j'ai trouvé Burger. Au bout de quelques jours, je me suis lancé à sa recherche. Il avait attrapé la typhoïde, mais il avait été relâché par des infirmiers polonais qui avaient senti venir une sélection, et il avait regagné son baraquement. C'est là que je lui ai rendu visite, au baraquement n° 4 : au début, il n'a pas réagi, mais ensuite, il a dit, il y a là deux Autrichiens, Ludwig Vesely et Rudi Friemel, on peut leur faire confiance. Nous avons pu parler brièvement à plusieurs reprises. Friemel dormait dans un baraquement où il y avait beaucoup de Français. Ils l'aimaient bien. Les Polonais aussi.

Un jour, Friemel m'a remonté le moral, à un moment où j'étais totalement désespéré et prêt à me jeter dans les barbelés électrifiés, car je ne voyais pas d'issue. Ne fais pas cela, a-t-il dit, tiens bon. Ne nous laisse pas seuls. C'est à cette exhortation et à mon désir profond de ne pas les abandonner que je dois d'être encore en vie.

Je n'ai pas connu ce Friemel, et je n'aurais pas voulu le connaître. D'après ce que je savais de lui, il était imperturbable, calme, fort, bourré du sens de la camaraderie. Il disait qu'il fallait garder espoir et résister, et pensait vraiment que les deux étaient possibles dans cet endroit que je n'ai jamais réussi à oublier. Pour que tu comprennes ce que je veux dire, je t'amène avec moi jusqu'à la rampe. C'est un privilège, ne l'oublie pas, tu le dois au fait que tu m'as tapé dans l'œil. J'ai parlé au kapo, il t'a inscrit sur la liste. Contrairement à moi, tu n'as pas besoin de payer cher ta présence, par des flatteries ou des marchandages qui humilieraient ta dignité. Je te montre tout ce que tu dois savoir. La chaleur ardente et la soif infernale. La marche au pas cadencé devant les baraquements, le pas de course sur la route, l'ordre : Repos ! L'attente dans l'ombre réduite du talus. La ligne serrée des postes de garde, la voie ferrée au-dessus de nos têtes, les hauts marronniers tout autour. Les motos sur lesquelles les sous-officiers arrivent en coup de vent, la cantine, où ils tuent le temps en buvant de l'eau d'Apollinaris et en faisant circuler des photos de famille de main en main. La tension qui monte lorsque nous apercevons notre proie : les premiers wagons de marchandises, qui émergent poussivement du virage, tout à fait à l'arrière, la locomotive, son long sifflement perçant, son épais nuage de vapeur. Les visages blêmes aux yeux écarquillés derrière les lucarnes grillagées. Le martèlement des poings à l'intérieur, contre les planches de bois, et les cris réclamant de l'eau et de l'air. La courte salve tirée du pistolet-mitrailleur au-dessus des wagons, qui ramène le silence. Le grincement des portes coulissantes, la bousculade des gens entassés. L'ordre qui leur est lancé de prendre leurs bagages et de les déposer devant les wagons. Les questions pleines d'angoisse des nouveaux arrivants, encore pantelants, auxquelles nous ne répondons pas ou par d'autres questions : D'où venez-vous ? Les tas croissants de valises, de sacoches, de sacs à dos, de cartables, de ballots, de manteaux et de vestes. Les matraques sifflantes des SS, leurs serviettes qui recueillent or et bijoux. Les montagnes de pains, de jambons, de saucisses, les bocaux de confiture, de compote de prunes et de légumes en conserve, brillant au soleil. Le tumulte. Les faibles, qui trébuchent et que l'on piétine. Les sacs à main, les billets de banque, les montres. Les cris des femmes, les pleurs des enfants. Le silence gêné des hommes. La voiture de la Croix-Rouge, qui passe en trombe avec son chargement de gaz toxique. Notre travail le plus pénible, vider les wagons des enfants écrasés et étouffés, des infirmes et des vieillards. L'impassibilité avec laquelle nous saisissons les petits cadavres par le cou, le bras ou la jambe, et les balançons à l'extérieur sur la rampe. La satisfaction d'avancer vite dans notre travail. La rage qui monte en nous en observant une jeune femme du coin de l'œil. La femme qui pressent ce qui attend mères et enfants, et qui, pour cette raison, se hâte en avant, avec une seule idée : échapper aux camions vrombissants, fuir sa petite fille aux joues rondes, qui trottine derrière elle en sanglotant. Maman, Maman. Toi ou moi, qui rabrouons la femme. Prends ton enfant dans les bras ! La femme, qui est belle et bien portante. Ce n'est pas mon enfant ! Toi ou moi, qui la flanquons par terre, mais qui la tirons encore par les cheveux dans sa chute. Fumier. Abandonner son propre enfant. Toi ou moi, qui la balançons avec une force insoupçonnée dans le camion, et l'enfant avec. Notre nouvelle colère contre une jeune fille, qui saute du troisième wagon et qui regarde autour d'elle d'un air scrutateur, puis qui rejette ses lourds cheveux sombres, et nous demande, à toi ou à moi : Mais dis donc, où nous emmène-t-on ? Sa chemise de batiste, la jupe qu'elle arrange, l'étroite montre en or à son poignet. Ses yeux bruns, intelligents. Dis donc quelque chose. Ton silence rageur, le mien. Sa phrase hautaine : Je le sais bien, et le pas souple avec lequel elle se dirige tout droit vers le camion, repousse la main qui veut la retenir, et en escalade les marches. Toi ou moi, qui la suivons du regard. Les ongles au vernis rouge sur ses cheveux flottant au vent de la route. Puis, à nouveau, l'échine courbée et le dégagement des corps, des corps, des bagages. Des enfants qui courent sur la rampe comme des chiens errants. Un vieil homme en frac, le bras en écharpe, qui demande à parler au commandant. Sa tête qui frappe le sol. Une fillette unijambiste, qui arrive dans les bras de quelqu'un. Toi et moi, qui la tenons par les mains et la jambe. Oh, ça fait mal, messieurs. Toi et moi, qui la lançons sur les cadavres, où elle va rejoindre le vieil homme en frac. Une autre petite fille, âgée de deux ou trois ans, qui après l'ouverture de la portière du septième wagon se penche en avant, perd l'équilibre et tombe la tête la première sur le ballast, reste un instant étendue par terre, étourdie, puis se relève et tourne sur elle-même, de plus en plus vite. Ses bras qui battent comme des ailes, sa bouche qui cherche à aspirer l'air, ses gémissements monotones. Un SS qui lui donne un coup de pied. La petite qui tombe, lui qui la maintient au sol avec sa botte, dégaine son pistolet et tire deux fois. Le gigotement des petites jambes, leur raclement sur le ballast. Le wagon suivant, l'attente, le convoi suivant. Le coucher de soleil, le crépuscule, le scintillement des étoiles, leur pâlissement. L'apaisement de la colère, la joie anticipée de ce qui va nous revenir. L'ordre du retour au camp. Notre kapo, qui bourre une grande bouilloire à thé de soie, d'or et de café pour les sentinelles à l'entrée, afin qu'elles nous laissent passer sans nous contrôler. Moi, qui enfile une paire de chaussures en cuir, toi, qui as décroché une chemise en soie. Moi, qui glisse une barre de salami dans ma manche gauche, toi, qui voles des comprimés et vas les échanger contre deux citrons et une brosse à dents usagée, et les comprimés atterriront un jour chez Friemel, qui les offrira à son tour, avant de réparer les camions nécessaires au convoi suivant. Ici, il n'y a pas de héros, c'est ce que je voulais te montrer. Tout en cherchant à comprendre moi-même pourquoi je le déteste tant, lui, et sa femme aussi, et leur mariage ici, chez nous, à Auschwitz.

Nous nous sommes d'abord installés à Rotterdam. Puis à Amsterdam. Puis les Allemands sont arrivés. Alors, une nuit, nous nous sommes mis en route pour essayer de passer clandestinement en Angleterre. Mais le cargo était désespérément plein, et nous avons eu peur. Lorsque nous sommes revenus à la maison, j'ai couché mon petit garçon. Le lendemain matin, il était très joyeux et il a parlé aussitôt de notre excursion sur la côte, et des autres gens qui voulaient fuir, et aussi du bateau dans lequel nous n'étions finalement pas montés. Mon mari lui a alors dit, tu n'as fait que rêver, mais il a protesté, et je lui ai dit, moi aussi, c'était un rêve, et alors il m'a regardée, et j'ai soutenu son regard, un rêve que tu n'as le droit de raconter à personne, et il a souri en répétant, tu as raison, c'était juste un rêve. Beaucoup d'officiers fréquentaient notre magasin de fourrures, et ils se moquaient bien que nous fussions juifs. Du moment qu'ils obtenaient ce qu'ils cherchaient, des visons, de l'astrakan, du renard argenté pour leurs femmes et leurs amies en Allemagne, mais lorsque la campagne de Russie a commencé, mon mari a dû approvisionner largement la Wehrmacht en vestes de fourrure, et c'est là que nous nous sommes dit, c'est maintenant ou jamais. L'idée était d'arriver à gagner l'Espagne et là, de prendre un paquebot transatlantique car, entre-temps, mon beau-frère s'était procuré des visas cubains. Il a aussi trouvé un Allemand qui allait régulièrement en mission en France pour la Wehrmacht et qui s'est déclaré prêt à nous conduire clandestinement jusqu'à Paris. Cela ne s'est pas fait en une seule fois. Les hommes sont partis d'abord, avec mon fils, et le lendemain les femmes avec les autres enfants.

Mon fils a pleuré quand je l'ai tiré de son sommeil vers six heures du matin. Il pleuvait à torrents, le temps pressait, alors je lui ai fourré notre grand parapluie noir dans la main, et il a enfin cessé de pleurer. Nous avons passé la frontière belge dans le coffre d'une voiture. À Bruxelles, nous sommes montés dans un camion. Le chauffeur nous a cachés dans un espace aménagé derrière sa cargaison, des milliers de cartouches de cigarettes. À Paris, un jeune homme nous attendait. Nous avons rejoint tous ensemble par le train un village situé à quelques kilomètres de la ligne de démarcation. Dès notre arrivée, notre guide est allé chercher le chauffeur de la voiture postale qui faisait la liaison entre les deux zones, nous avons dû patienter dans une auberge. Il y avait là une femme qui nous a regardés d'un air inquisiteur puis qui s'est levée, et qui est sortie ; cela ne me disait rien de bon, mais j'ai gardé le silence, pour ne pas inquiéter les autres, et d'ailleurs, qu'aurions-nous pu faire. Lorsque notre guide est revenu avec le chauffeur, nous sommes partis immédiatement, mais nous ne sommes pas allés loin, car au milieu de la route se tenait un soldat allemand ; il a arrêté notre véhicule et nous a ordonné d'en descendre.

Nous sommes restés quelques jours en détention préventive à Angoulême, mon mari et mon beau-frère dans le quartier réservé aux hommes, nous, les femmes, ainsi que mon fils, dans une cellule en compagnie de vingt autres femmes qui avaient essayé de passer la ligne. Nous avons été condamnés à dix semaines de réclusion, et, après avoir purgé notre peine, nous avons été transférés dans un camp. La sœur de celui qui nous avait aidés à fuir avait déjà pris mon fils en charge, nous avons appris qu'elle l'avait confié à un couple à Marseille et qu'il se portait bien là-bas, alors je me suis sentie soulagée. Ensuite, tous les hommes aptes au travail ont été déportés et, quelque temps plus tard, un autre convoi est parti avec les femmes, les hommes âgés et les enfants. Nous étions si serrés dans le wagon que nous ne pouvions pas nous retourner. À chaque halte, nous réclamions de l'eau. Le soir du cinquième jour, nous avons atteint notre lieu de destination.

Le train a dépassé un peu la gare, puis on nous a poussés avec des bâtons dans la lumière vive. Toutes les femmes avec des enfants ont été transportées je ne sais où en camion, et j'étais bienheureuse de ne pas avoir mon fils avec moi. Après quatre jours dans un *Kommando* d'extérieur, j'ai appelé la mort de tous mes vœux, mais j'étais encore en vie au soir du dixième jour et j'ai réussi à convaincre la doyenne du bloc, puis un *Sturmbannführer*, que j'étais une bonne employée de bureau. C'est ainsi que j'ai été affectée au secrétariat. Plus tard, j'ai été mutée à la section politique, et plus précisément au bureau de l'état civil II. Le bureau de l'état civil I, qui enregistrait les naissances et les mariages, se trouvait en ville. Notre section ne relevait que les décès. Mon travail consistait à reporter dans un grand livre les certificats de décès avec leur cause fictive. Jusqu'en 1943, même les

Juifs ont été enregistrés individuellement, excepté ceux qui avaient succombé dans les chambres à gaz. À chaque convoi qui arrivait de France, j'avais la gorge serrée, j'étais torturée par la peur de découvrir sur la liste le nom de la famille de Marseille qui avait accueilli mon fils, mais un beau jour j'ai enfin tenu sa première lettre entre mes mains, mon frère avait réussi à le faire passer en Suisse. Les interrogatoires avaient également lieu dans notre baraquement. J'entendais les détenus crier, je les voyais plus tard gisant sur le sol. Le directeur de la section politique était à l'époque un homme originaire de Basse-Autriche, Maximilian Grabner. Walter Quackernack, qui venait de Bielefeld, était à la tête de l'état civil. Son adjoint s'appelait Bernhard Kristan, il était originaire de Königsberg.

Quackernack se donnait toujours de grands airs ; à chaque conseil de guerre, il portait des gants blancs pour compléter son élégant uniforme. Un jour, je l'ai regardé depuis la fenêtre de mon bureau conduire un convoi d'enfants à la chambre à gaz. Au moment où on les faisait descendre brusquement du camion, une petite fille blonde s'est approchée de Quackernack. Je l'ai vue lever son petit visage vers lui et lui demander quelque chose en souriant. Il a alors donné un violent coup de pied à la petite, elle est d'abord restée un moment inerte, puis elle s'est relevée avec peine, en pleurant. Moi aussi, je pleurais, je n'avais pas pleuré depuis longtemps. Kristan aimait tuer. Il était toujours de bonne humeur quand il revenait des exécutions. Mais il aimait aussi les plantes de son bureau. Un jour, il s'est montré affectueux envers un chaton, c'est tout ce que je peux dire. Quackernack et Kristan se sont affolés lorsque nous avons reçu coup sur coup deux demandes de renseignements. Le bureau d'état civil de Oldenbourg a mis en doute les statistiques qu'ils publiaient : « Il paraît impossible qu'une commune aussi petite qu'Auschwitz totalise un aussi grand nombre de décès. » Un autre service, quelque part en Thuringe, a supposé qu'il y avait une erreur dans les données. Le fonctionnaire a soupçonné l'état civil d'Auschwitz d'avoir additionné tous les décès depuis l'introduction des registres en 1870. Quackernack a coupé court à toute critique ultérieure en divisant alors systématiquement par cent quatre-vingts le nombre des morts dans ses rapports.

J'étais la dernière de ce convoi de cinq cent vingt et une filles à être tatouée, j'ai reçu le numéro 21946. Je dois sans doute à mon franc-parler de ne pas être aussitôt passée par la cheminée. À la lecture de la liste des personnes du convoi, il est apparu que mon nom manquait, et j'ai alors dit au SS, s'il en est ainsi, renvoyez-moi chez moi. Ce n'est pas ce qui s'est passé, évidemment, mais mon toupet l'a visiblement impressionné car, après une journée passée dans le *Kommando* extérieur de la pépinière, j'ai été transférée sur son ordre de Birkenau à Auschwitz, au service de l'état civil. Ce dernier était installé dans un baraquement en bois, à côté du four crématoire, et mon travail quotidien consistait à tirer des traits à la règle et à l'encre de Chine sur les certificats de décès. Mon supérieur direct était Kristan, qui semblait tout droit sorti d'une légende germanique. Il était capable de se mettre follement en colère contre les Juifs blonds aux yeux bleus, et il haïssait tout particulièrement les demi-Juives comme moi, qui remettaient en question son concept de race. Kristan a été le premier à vouloir me frapper, avec un dossier. Il avait déjà levé le bras, lorsque je l'ai regardé droit dans les yeux, et son regard s'est figé, nous nous sommes fixés un moment, puis il a laissé son bras retomber. Bien plus tard, lorsqu'on nous a amené l'Espagnole, il a été l'amabilité même.

Nous avons dû nous marier à cause de l'enfant, et à l'église, parce que Franco avait rendu le mariage catholique obligatoire. Mais je n'étais pas baptisée, et, pour m'éviter l'absurdité de cette cérémonie, j'ai prétendu avoir reçu le baptême à l'église des Vierges de la Paloma, qui avait brûlé pendant la guerre. Quelle chance, s'est écrié le curé de San Cayetano, auquel nous avions demandé de publier les bans, l'église n'existe plus, mais les registres paroissiaux ont été sauvés grâce à l'intercession de notre Sainte Vierge ! Mon plan était donc à l'eau, et je n'ai pas eu d'autre solution que de subir tout le tralala, le baptême, le mariage, encore un baptême, car Julián ne pouvait rester un petit païen. Nous avons d'abord vécu chez mes beaux-parents, puis nous avons hérité, et nous avons pu nous offrir un appartement dans la Colonia Moscardo, sur l'autre rive du Manzanares. Le même mois, en juillet 1943, Fernando a également réussi à trouver du travail dans une banque. En ce temps-là, j'assurais déjà la liaison entre la direction du parti à Madrid et la centrale en France. Je n'y tenais pas particulièrement. Il y en avait beaucoup qui avaient plus de jugeote que moi. Mais vu la situation à l'époque, ce n'était pas seulement une question d'intelligence. Quelqu'un devait le faire. Donc moi. Et, fin juillet, mon frère nous a envoyé ce jeune homme, Juan Ros, que je connaissais de mon séjour en France. Le 3 août, il devait rencontrer un contact au parc du Retiro. Je ne pouvais pas rester à la maison ce jour-là, je devais porter un message urgent, codé bien sûr, à un camarade en prison, Fernando était déjà parti au travail, et alors j'ai dit à Juan, je laisse le petit ici et, quand tu partiras, dépose-le chez la cousine de Fernando. C'est ce qu'il a voulu faire, mais la cousine n'était pas chez elle, et il devait être à dix heures tapantes au Retiro, il a donc pris Julián avec lui sans hésiter, mais, dans le parc, la police l'attendait. Si notre enfant ne l'avait pas accompagné, il se serait enfui. Ils l'auraient fusillé, mais auparavant l'un ou l'autre des policiers aurait passé l'arme à gauche. Il a essayé de gagner du temps. Il les a envoyés trois fois à une fausse adresse, mais, la quatrième fois, ils ont saisi Julián par une jambe et ont fait mine de le balancer contre le mur. Alors, il leur a dit ce qu'ils voulaient savoir. Il m'avait encore précisé, si je ne suis pas de retour avant quatre heures, tu sais ce qu'il te reste à faire. Il avait apporté une grande quantité de tracts. À quatre heures moins dix, ils ont fait irruption dans l'appartement. Ils ne se sont même pas donné la peine de sonner. Dès qu'ils ont ouvert l'armoire, la pile s'est effondrée à leurs pieds.

Eh bien, Marina, qu'est-ce que cela signifie ?

Aucune idée, cela appartient à notre hôte, je ne fourre pas mon nez dans les affaires des autres.

Ils n'ont rien pu tirer de plus de moi. Je ne savais rien, point final. Non mais, dis donc, es-tu vraiment si bête que ça. Oui, je suis bête. Je n'en ai pas démordu. Car je savais que, si je parlais, j'étais perdue. Se taire et faire l'imbécile. Ils ne savaient rien à mon sujet. J'étais mariée avec le type, là, à côté de moi, et ses parents, des gens très convenables, étaient de simples ouvriers à l'abri de tout soupçon. Sur Fernando ne pesait non plus aucune charge. Ils avaient pourtant sur eux une photo de lui avec une moustache, prise dans la rue, de profil, on aurait dit qu'il lui manquait une main. Ils m'ont demandé, qui est cet infirme, je ne l'ai jamais vu, ai-je répondu, peut-être un ami de mon mari. Nous avons eu cette chance que le gardien du sous-sol de la direction de la Sûreté fût communiste. Il est allé trouver Fernando dans sa cellule, tiens, frère, prends, cela va te faire du bien, et lorsque Fernando a rompu le pain il y a trouvé un morceau de papier et un bout de crayon. Grâce à ce camarade, nous avons pu accorder nos déclarations. J'avais écrit à Fernando que je n'avais rien avoué et, comme il était averti, il n'est tombé dans aucun de leurs traquenards, ces imbéciles, ils se croyaient très malins et se prenaient à leurs propres pièges. Aujourd'hui, j'en ris. Mais sur le moment, j'ai tremblé de peur. Ceux qui disent qu'ils n'avaient pas peur pendant les interrogatoires mentent. Même Fernando, qui ne reconnaît jamais rien, dit qu'il en avait le sang glacé. C'était l'horreur. Pire que la peur.

Quant au jeune Juan Ros, ils l'ont exécuté. Un vendredi saint, en bons catholiques. Il n'avait que vingt ans. Je l'ai revu une dernière fois à l'audience. Son visage était défiguré par la torture, presque méconnaissable. Il m'a demandé pardon. Je n'ai rien à te pardonner, mon fils. Tu n'as rien fait de mal. Tu ne pouvais pas faire disparaître Julián comme par enchantement.

Pour moi aussi, le procureur a requis la peine maximale, d'après les paragraphes 38 ou 238. Je devais donc être fusillée. La mère de Fernando, qui jusque-là avait fui le clergé comme la peste, s'est précipitée à l'église et a mis en marche le moulin à prières. Fernando et moi, on a finalement écopé de six ans. Six ans et un jour, pour être exacte. Sa mère avait déjà reçu l'assurance de Jésus-Christ en personne que nous ne serions pas exécutés. Un jour qu'elle était venue me voir à la prison, elle a dit : Sois sans crainte, il ne vous arrivera rien, j'ai interrogé le Sauveur Medinaceli, et il a hoché la tête. La pauvre y croyait pour de bon. C'est là qu'on voit jusqu'où l'imagination peut mener un homme.

Même en prison, je ne me suis pas laissé faire. Que ce fût à Ventas, à Ségovie ou à Soria, il y avait toujours une bonne occasion de mettre les surveillantes hors d'elles. Nous formions une bonne équipe avec Julia, Nieves, Lolita et La Peque. À Ségovie, La Peque a mis les bouts. Nous lui avons tressé la corde qui lui a servi à escalader le mur avec des lacets que nous avions extorqués à nos proches, pour sauter à la corde, avions-nous prétexté. La Peque s'est évadée un soir, à neuf heures, pendant que la directrice martyrisait le piano et que le personnel l'écoutait avec recueillement. À l'heure de l'appel, avant la nuit, elle était déjà loin. Les surveillantes se sont transformées en furies. Une Rouge s'est évadée ! Tuez-la si vous la trouvez ! Elle a été rattrapée et fusillée peu de temps après. C'était en 1945. Son vrai nom était Asuncion Cano.

Fernando a été libéré en mars 1947. Moi, ils m'ont gardée un an de plus pour mauvaise conduite. Ce n'est pas étonnant, ils avaient dû m'enfermer neuf fois dans la cellule disciplinaire. J'ai été la première à leur balancer mon assiette à la figure. La bouffe qu'ils nous servaient grouillait de vers. Et rebelote avec la grève de la faim, parce que les surveillantes frappaient les détenues. Au début, elles nous forçaient à saluer, le poing levé. Et elles fulminaient lorsqu'elles flairaient l'alcool d'anis que nous versions dans la cruche, juste quelques gouttes pour masquer un peu le goût argileux de l'eau.

J'ai répondu par quatre lignes à la première lettre de Marga, dans laquelle elle épanchait son cœur. Julián va bien, il est gai, nous allons bien, les parents de Fernando aussi. Comment vas-tu, que fait Edi. Ta sœur Marina qui t'embrasse. Je n'avais pas le droit d'en écrire plus, les surveillantes auraient déchiré la carte et m'auraient privée du droit de visite ; quant à mes beaux-parents, je ne voulais pas les mêler à cette affaire, ils en avaient déjà assez sur le dos. Marga n'était pas libre non plus d'écrire ce qu'elle voulait. Je recevais parfois des lettres dans lesquelles la censure avait biffé des paragraphes entiers. Noircis, on ne pouvait plus alors qu'en deviner le texte. Elle était affreusement malheureuse. C'est vrai, elle avait la vie dure, mais n'était-ce pas le cas pour tout le monde, à l'époque ? Elle avait tout de même le droit d'avoir son fils avec elle. Mais moi, non. Une mère privée de son enfant, il n'y a pas pire situation. C'est une douleur insupportable. Tais-toi, Fernando, un homme ne comprend rien à cela. Je devais faire avec, je n'avais pas le choix. Julián, qui disait Maman à sa grand-mère, avait déjà presque sept ans quand j'ai été libérée, et il ne me connaissait plus.

Un jour, elle a envoyé la photo de leur mariage. Ils sont bien, tous les deux. Un couple plus beau qu'au cinéma. Magarita a le visage triste, affligé, mais lui, il sourit. La photo était accompagnée d'un livre, un roman de Pereda, *Peñas arriba*. C'était un cadeau de Rudi pour moi, il me l'avait dédicacé : « Pour ma petite belle-sœur Marina. » Je me demande bien comment Marga a réussi à sortir ce livre d'Auschwitz. Elle était très mince à l'époque, peut-être l'a-t-elle caché sous son chemisier. Je l'ai bien lu une douzaine de fois à Ségovie, non pas pour l'histoire un peu trop mièvre à mon goût, mais pour lui. Pour toi, Rudi. Je n'ai jamais été amoureuse de toi, je te le jure, mais je ne t'ai jamais oublié. Fernando... Il ne faisait pas grande impression, physiquement, je veux dire. Mais lorsque j'ai compris quel homme généreux c'était, son apparence ne m'a plus gênée.

Ton livre. Des années plus tard, Julián a ramené à la maison un ami qui s'est jeté dessus, j'ai toujours voulu le lire, prête-le-moi. Bien entendu, il ne me l'a jamais rendu.

À Kirchheim unter Teck, cette ville souabe aussi petite que laborieuse, Margarita Ferrer a laissé peu de trace. Je m'y suis rendu, j'ai fait un petit tour d'horizon, j'ai demandé à la mairie un plan de la ville et une brochure d'information, celle-ci invite à une flânerie à travers le passé, depuis l'église Saint-Martin jusqu'à la place de l'église, en vingt-trois haltes. Le *Wächterheim* se trouve en dehors de l'itinéraire touristique, le long de la Schlierbacherstrasse, qui conduit à la Wangerhalde et continue en direction de Göttingen. Le bâtiment, à deux étages, était depuis 1894 un foyer pour futures mères célibataires, il a été restructuré en 1961 et agrandi. Depuis le début des années 30, le foyer servait aussi de maternité pour les femmes de la ville et des environs. Aujourd'hui, sa fonction principale est l'accueil des personnes âgées et des jeunes en difficulté. Je crois reconnaître Marga sur une photo dans la brochure *Le Centenaire du Wächterheim*, dans la partie consacrée aux années 1933-45. La légende renvoie à une fête des Mères, on voit une bande d'enfants où les fillettes portent des couronnes de fleurs dans les cheveux, deux diaconesses de Schwäbisch-Hall avec leur cornette et leur tablier, six mères ou éducatrices. Celle qui se trouve au milieu, avec ses cheveux courts, son chemisier à carreaux, et qui sourit, ce doit être elle. L'enfant qu'elle tient dans ses bras semble sourire lui aussi. Il a un petit menton bien dessiné. Je pense que c'est Edi.

La mère supérieure de la maison – la directrice donc – était à l'époque la sœur Berta Wurst, une femme manifestement dure et énergique, qui, à cause de l'interdiction des baptêmes en dehors de l'église, était en froid avec les autorités nationales-socialistes. Elle n'était d'aucun soutien pour Margarita. Sur le Ziegelwasen, là où le stationnement des caravanes est interdit, se trouve la boucherie fine Kübler. Existait-elle déjà à ce moment-là ? Et, si c'est le cas, est-ce là que Margarita a travaillé de sept heures du matin à onze heures du soir ? Je suppose que son salaire était retenu par le *Wächterheim*, en contrepartie des frais liés à son hébergement et aux soins prodigués à Edi ; elle devait toujours être sans le sou.

Les archives de la ville sont situées sur le Freihofgelände. C'est là que sont conservées la déclaration et l'attestation de séjour de Margarita. Nom de famille : Friemel, situation : mariée, nationalité : espagnole. Mais une note sur sa carte de résidente renvoie à une lettre du bureau d'aide sociale de Stuttgart selon laquelle elle serait de nationalité allemande. Le bureau d'aide sociale se fonde sur le fait que Margarita Friemel a obtenu de l'*Auslandsorganisation*, à Stuttgart, le 26.8.1941, un laissez-passer vert de *Rückwanderer* [1] qui n'était délivré qu'aux Allemands.

Margarita et Edi ne sont donc allés que jusqu'à Stuttgart dans un premier temps. D'après la déclaration de séjour, ils ont été logés au foyer local des *Rückwanderer*, à l'hôtel Central, au 16 de la Schlossgasse, jusqu'à leur placement au *Wächterheim* de Kirchheim, le 6 octobre. Ce même jour, le journal *Teckbote* annonçait la progression des offensives, plus de douze mille soldats avaient été faits prisonniers dans le sud de l'Ukraine, l'Angleterre avait encore perdu cinquante-six mille tonneaux de jauge brute et quatre cent soixante-seize avions, le Führer avait tenu un discours enthousiaste et créé l'ordre militaire de la Croix allemande, le *Kreisleiter* Gross, avait parlé de l'importance des événements en cours, un ouvrier de Linsenhofen avait gagné cinq cents *Reichsmark* à la loterie Kirchner et le *VFB* Kirchheim avait obtenu à Nürtingen une victoire à l'arraché qu'il avait bien méritée. Le lundi 3 mai 1943, le *Teckbote* affichait

1. Rapatrié (NdT).

un ton beaucoup plus réservé et une pagination réduite. Un mineur nommé « Héros du travail », toutes les attaques bolcheviques repoussées, un adjudant-chef décoré de L'*Eichenlaub*, un tremblement de terre dans le sud-ouest de l'Allemagne.

La secousse nocturne, qui a atteint le degré sept sur l'échelle de Mercalli dans le Jura souabe, a affecté tout le Wurtemberg et le pays de Bade. Des horloges se sont arrêtées, des cadres de lits et de lourdes armoires ont été déplacés, des portes se sont brusquement ouvertes, des vases sont tombés des tables, et le bétail a mugi dans les étables. Mais, même si l'épicentre s'était trouvé juste au-dessous du *Wächterheim*, Margarita n'aurait accordé à l'incident qu'une importance relative par rapport à ce qui lui arrivait ; sa terreur était d'une autre nature. Le 3 mai 1943, elle a quitté la ville avec Edi. D'après leur carte de résidence, ils se sont alors installés à Vienne, X. 75, Ernst-Ludwig-Gasse 10.

C'est tout ce qu'on trouve sur elle à Kirchheim unter Teck. Dans le dossier, aucune mention d'un quelconque désespoir.

J'ai connu Rudi avant même de l'avoir rencontré. Il faisait l'objet d'un épais dossier secret, d'où il ressortait qu'il avait participé à la guerre d'Espagne aux côtés des révolutionnaires et qu'il s'était marié là-bas. Le mariage n'avait pas été reconnu par les autorités espagnoles, et il mettait tout en œuvre pour obtenir le droit d'épouser sa femme une nouvelle fois. Dans ce but, il rendait souvent visite au chef de la section politique, ou encore à Quackernack ou Kristan. Aucun d'entre eux n'a pu, à la longue, résister à son charme. Il avait toujours pour nous un sourire amical et, lorsque aucun SS ne se trouvait dans la pièce, il nous demandait si nous avions besoin de quelque chose, de bas, de cirage ou d'un morceau de savon.

Une de mes amies travaillait au bureau de la censure, et elle a eu plusieurs fois l'occasion de lire les lettres qu'il écrivait à l'Espagnole. Elle pouvait en réciter des passages entiers. Nous étions ainsi les témoins de sa passion, et nous sommes bientôt tombées amoureuses, nous aussi. Rudi luttait pour garder la confiance de sa femme, peut-être était-ce ce qui nous subjuguait, dans cette ambiance de mort, avec ces listes de décès qui n'en finissaient plus, et la certitude que nous, les secrétaires des morts, nous ne survivrions pas non plus. Nous en avions conscience, Kristan et les autres n'avaient pas besoin de nous seriner : dans le meilleur des cas, vous mourrez ici de vieillesse et, si vous vous en sortez, personne ne vous croira.

Les lettres de Rudi montraient que l'Espagnole était découragée et qu'elle avait décidé de rentrer dans son pays. Il avait peur de les perdre à jamais, elle et leur fils, et il essayait de la faire changer d'avis, en lui promettant « la réalisation de ton songe d'une nuit d'été à Sillingy ». À quel songe faisait-il allusion, nous demandions-nous. Celui d'une nuit tiède, en France, en bordure d'un champ, sur la route du camp, au milieu du bruissement des feuilles, du chant des grillons, dans une odeur douce de foin et de viande grillée. Les lumières de la localité, des lampes à arc, en contrebas, nous éclairaient, pénétrant dans la cave du bâtiment de l'état-major. Ou celui d'une nuit d'été dans la chambre, sur la place du marché, un léger brouhaha venant de la fenêtre d'en face, des éclats de rire, le rideau qui se gonfle, le frou-frou de vêtements dans l'ombre, puis le rêve d'une main qui me saisit à la gorge, mon réveil en sursaut, baignée de sueur, les gémissements, les pleurs sur les couchettes autour de moi et ce sentiment profond de sécurité qui laisse croire que les souhaits seront exaucés.

Nous ne pouvions nous en rassasier. De ces inquiétudes, ces songes, ces petits noms tendres. Ma pauvre femme si vaillante ! Ma chère Espagnole ! Chère, chère Marga ! Mon petit chéri ! Notre vie, comme elle sera belle. Ne perds pas courage, fais preuve de patience, je suis fier de toi et de Eduardito, qui me ressemble, mais qui a tes yeux et qui porte votre patrie ensoleillée dans son regard (elle avait envoyé une photo de l'enfant que nous n'avions pas pu voir). Je sais, écrivait-il, que tu veux en finir avec cette situation pénible, et je sens avec tristesse que tu veux t'en aller loin de moi avec notre petit garçon, mais je ne peux que te dire : tiens bon et lutte avec moi pour notre avenir commun. C'est l'étape la plus difficile de notre parcours, mais la dernière avant d'arriver au but.

Tiens bon, lui écrivions-nous mentalement, nous aussi, ne rentre pas en Espagne, je vous aime infiniment tous les deux – Marga, crois en lui – et nos retrouvailles seront une fête sans pareil. Il faut que tu tiennes, même si c'est très dur.

Tant d'étreintes, de nostalgie, des yeux si beaux, si profonds. Mille baisers.

Je me demande comment Margarita Ferrer a bien pu obtenir cette carte verte de *Rückwanderer*. Peut-être n'était-elle pas aussi démunie qu'elle en avait l'air. Peut-être n'était-ce que le résultat d'une erreur d'un employé et de la négligence de son supérieur, qui avait signé le document sans se poser de questions. Margarita n'avait aucune pièce justificative à présenter. Dans sa requête au bureau central de la sécurité du Reich à Berlin, qu'il a déposée le 29 septembre 1942, Friemel prétend l'avoir épousée en janvier 1939. Le mariage aurait été déclaré nul, comme tant d'autres, par le nouveau gouvernement espagnol. Le seul document attestant leur union légitime, un certificat des autorités militaires locales, se serait égaré dans la tourmente des événements qui avaient suivi. Il n'avait pas voulu régulariser sa situation matrimoniale en France, mais dans son pays natal, où il était rentré de son plein gré avec femme et enfant, dès la première occasion. Pour fonder l'urgence de sa requête, Friemel évoque l'intention de Margarita de rentrer en Espagne avec leur fils si leur situation ne devait pas changer, ce qui lui retirerait alors la possibilité de faire élever son fils en Autriche et de légitimer leur lien de famille. « En obtenant la nationalité allemande par le mariage, ma femme serait en mesure de se rendre chez mes parents à Vienne pour y habiter et y prendre un travail qui lui assurerait, ainsi qu'à notre enfant, des moyens d'existence jusqu'à ce que je puisse moi-même les prendre en charge. »

Un peu plus tôt, Clemens Friemel avait déjà tenté d'obtenir une attestation officielle pour ce mariage en réalité jamais conclu. Il s'était adressé pour cela au *Reichsstatthalter* de Vienne, qui, jugeant indispensable de déterminer la nationalité exacte de Margarita afin d'élucider l'affaire, avait demandé au *Landrat* de Nürtingen d'ordonner à la susnommée de lui faire parvenir au plus vite l'acte de mariage. Le *Landrat* avait transmis l'ordre au maire de Kirchheim unter Teck, qui s'était déchargé de cette mission sur le service des attestations de la ville qui, à son tour, avait sollicité le bureau d'aide sociale de Stuttgart, lequel avait consulté le département des Allemands de l'étranger, qui avait confirmé la déclaration de Margarita : Mme Friemel avait bien acquis la nationalité allemande par son mariage en 1939 et reçu de l'*Auslandsorganisation* la carte verte des *Rückwanderer* avec le numéro 14779. Le maire de Kirchheim unter Teck avait alors écrit au *Landrat* de Nürtingen que Mme Friemel ne pouvait pas produire l'acte de mariage parce que celui-ci n'avait pas été reconnu par le gouvernement national espagnol, en conséquence de quoi il demandait de mettre un terme à cette procédure. Kirchheim unter Teck, le 24.8.1942.

La procédure a été effectivement abandonnée. Car Friemel a présenté le 16 décembre 1942 une seconde requête, dans laquelle il exprimait une nouvelle fois sa crainte de perdre femme et enfant. Dans une lettre du 10 du même mois, Margarita l'avait prié d'accepter son retour au pays. Il n'avait ni le droit ni le moyen de l'en empêcher. Devant cette situation désespérée, il demandait une accession rapide à sa requête ou, au moins, une réponse concrète. Il essaierait d'inciter sa femme à repousser son départ.

Au printemps 1943, une réponse positive, ou du moins encourageante, a dû parvenir à Friemel, car il note dans une lettre spéciale adressée à son père le 3 mars que l'affaire – « comme tu peux le constater d'après les lignes ci-jointes à Marga » – a considérablement avancé. Ces lignes n'ont pas été conservées, mais on peut supposer que l'administration berlinoise a autorisé le départ de Marga pour Vienne et exigé pour le traitement de son dossier la production de plusieurs documents personnels. Friemel s'est efforcé de balayer toutes les objections de son père et de sa belle-mère – Clemens Friemel s'était remarié deux ans plus tôt – à l'installation de Marga à Vienne : elle ne leur demanderait sûrement rien financièrement, car la main-d'œuvre manquait. « Mon souci principal reste l'enfant et le logement. Si Marga doit travailler dans une entreprise, qui s'occupera de l'enfant ? Si le petit est accueilli dans un foyer, pourra-t-elle le voir tous les jours, ou même le prendre le soir avec elle ? Pour le logement : Quelle possibilité concrète existe-t-il ? »

Manifestement, mon père était très réservé face à sa demande. Dans une ébauche d'autobiographie qu'elle a rédigée des dizaines d'années plus tard, Margarita mentionne une lettre dans laquelle Clemens Friemel l'a dissuadée de venir à Vienne faute de possibilité d'hébergement. Elle avait déchiré la lettre et envoyé un télégramme qui annonçait son arrivée, puis elle avait sauté dans le premier train avec Edi. À Vienne, elle avait rapidement trouvé du travail dans l'industrie d'armement, mais le problème du logement n'avait pas été résolu jusqu'à ce que, pour finir, Mme Vesely ait eu pitié d'elle. Dans une lettre du 11 septembre 1943, Ludwig avait demandé à sa mère d'accueillir Margarita et l'enfant : Rudi et lui étaient de bons amis. « Nous travaillons ensemble, dormons côte à côte, partageons tout, bref, nous sommes des camarades comme on n'en trouve qu'au front ou dans une situation de détresse. »

L'affaire a encore traîné en longueur pendant six mois. Aussi bien dans ses lettres à Marga que dans ses suppliques au Service de sécurité du Reich, Friemel cachait ses sentiments. J'ai l'impression qu'il pesait chacun de ses mots avant de les coucher sur le papier. Tout en se moquant des coutumes de la correspondance nationale-socialiste. À son père seulement il laissait parfois entrevoir qu'il était à bout de nerfs. Dans une lettre non datée, sans doute de décembre 1943, il lui écrit à Vienne qu'il allait se présenter encore une fois au commandant du camp : « Si cela ne donne rien, alors j'arrête tout. J'aurai seulement de la peine pour la pauvre Margarita, qui aura tant souffert pour rien. » L'autorisation tant attendue est arrivée cinq semaines plus tard ; mais la deuxième requête de Friemel, celle de pouvoir se rendre à Vienne pour s'y marier, a été rejetée. Le 6 mars 1944, l'officier de l'état civil de la municipalité d'Auschwitz a écrit à Clemens Friemel, au nom de Kristan : d'après l'information reçue de la direction du camp de concentration d'Auschwitz, le Service de sécurité du Reich, à Berlin, a donné la permission que vous-même et votre fils Klemens assistiez au mariage en tant que témoins. Afin que vous ayez le temps de prendre vos dispositions, j'ai fixé, en accord avec votre fils, la date du mariage au 18 mars 1944 à onze heures. Je vous demande d'être ponctuels. J'ai prévenu moi-même votre fils Klemens, le camp de concentration d'Auschwitz s'est chargé d'informer Mme Ferrer y Rey. »

Elle ne m'en a jamais parlé. Mais je savais par ses conversations avec ses voisins ou avec ses amis qu'il était interné. Dans un camp, dont le nom n'a jamais été prononcé. Ce n'était d'ailleurs pas nécessaire : je savais de quel côté nous étions. Par exemple, je ne faisais pas partie des Jeunesses hitlériennes. Ma mère ne le voulait pas. Un jour, une lettre est arrivée dans laquelle leurs chefs me menaçaient de représailles si je ne me présentais pas sous huit jours. J'y suis donc allé. J'étais à peine arrivé qu'ils ont constitué un *Rollkommando* pour me tabasser. Alors, je me suis dit, vous pouvez toujours essayer de m'avoir, vous ne m'aurez pas !

Ma mère ne sympathisait pas avec les nazis, bien au contraire. Elle les a toujours bernés et faisait des remarques acerbes sur les discours des bonzes du parti. Mon oncle Klemens était le seul de la famille Friemel avec lequel elle entretenait encore quelques relations sporadiques. Il vivait avec une femme qui avait eu d'un autre homme une fille nommée Reli. Enfant, j'allais souvent chez eux, ils habitaient une rue qui donnait dans la Erdbergerstrasse. Ils possédaient un poste à galène, et étaient toujours gentils avec moi. Klemens savait s'y prendre pour distraire ma mère avec des plaisanteries quand elle était très fâchée contre mon grand-père. Puis il est tombé très malade. Il avait fait de la boxe dans sa jeunesse, il en avait gardé une blessure au pied. Comme il boitait, il n'avait pas été enrôlé dans la Wehrmacht. Il travaillait à la poste. Pour moi, ce n'était qu'un blagueur et une mauvaise langue. Je ne me rappelle pas l'avoir entendu parler politique. Il était sûrement influencé par son entourage, et devait donc être social-démocrate, mais il n'était pas aussi engagé que les autres hommes de la famille. Ma mère a peut-être appris le remariage de mon père par son intermédiaire. En tout cas, elle était au courant.

Rudi Friemel va se marier.

J'étais sans voix.

Oui, il va se marier avec une Espagnole, dont il a déjà un enfant.

Se marier dans un camp de concentration où tout le monde meurt.

Au baraquement 24, ce n'est pas un mariage par procuration, sa femme va venir pour l'occasion, c'est un véritable officier de l'état civil qui va les unir, elle va rester au camp une journée entière, et comme cela l'enfant aura un père.

Avoir un père légitime, à l'époque, c'était foutrement important.

Puis j'ai encore entendu : Nous allons lui faire un cadeau de mariage ! Une chemise blanche brodée par nos soins.

Un jour, le bruit a couru qu'une civile espagnole allait venir ici pour épouser Rudi Friemel. L'instant d'après, elle a fait son entrée en compagnie d'un SS. Elle avait le type de l'Espagnole telle que l'on se la représente, le visage étroit, les cheveux et les yeux noirs. Elle portait un tailleur sombre sur un chemisier blanc. Elle avait un petit chapeau sur la tête, blanc, avec des fleurs. Quelqu'un lui a avancé une chaise, mais elle est restée debout. Elle était confuse et nerveuse, et n'a pas dit un mot. Sans doute lui avait-on intimé l'ordre de ne pas nous parler. Je suppose qu'on l'avait amenée au secrétariat parce que la vie quotidienne du camp n'y était pas très visible. Dans les salles d'interrogatoire, c'était déjà autre chose.

Puis Friemel est arrivé du camp pour hommes. Il était habillé avec solennité et portait un costume, des chaussures et une cravate sortis tout droit du magasin de vêtements des SS. Ils ne se sont pas embrassés. Ils étaient intimidés, tous les deux, et ne savaient pas trop où se mettre. Même Quackernack avait l'air gêné ; pour dissimuler son embarras, il a donné sans tarder le signal du départ. Allez, on y va.

Je découvre seulement aujourd'hui que le frère et le père de Friemel étaient présents au mariage. En tout cas, dans notre bureau, au secrétariat, je ne les ai pas vus. Il est possible qu'ils aient attendu en ville ou dehors, devant les baraquements. Pourtant, je n'arrive pas à imaginer qu'on ait laissé poireauter là une famille entière. Peut-être ont-ils attendu à l'entrée, devant la villa du commandant du camp.

En tant que secrétaire à l'infirmerie SS, j'avais un laissez-passer qui me permettait de pénétrer à l'intérieur du camp sans être accompagné d'une sentinelle. J'avais toujours une serviette bourrée de papiers avec moi, pour donner le change en cas de contrôle. Ce jour-là aussi, où, comme par un fait exprès, il faisait un temps superbe annonçant le printemps. Je savais que c'était la date fixée pour le mariage, mais je n'y pensais plus quand j'ai franchi le portail dans la journée, à quel moment précis, je ne sais pas, en tout cas, le camp était assez vide, et j'ai alors vu une femme et un enfant, et je me suis dit : ce doit être eux. J'ai gardé le silence, car elle était escortée par un SS. Peut-être ai-je juste murmuré quelque chose comme *Felicidades*. Et j'ai caressé la tête de l'enfant, ça j'en suis sûr.

Quackernack avait été muté et c'est Kristan qui a joué le rôle d'officier d'état civil à sa place. Il a veillé à ce que Rudi pût apparaître en temps et en heure devant les siens. Nous étions aussi excitées que s'il s'était agi de notre propre mariage, et nous nous sommes pressées à la fenêtre lorsque le couple s'est dirigé vers la sortie, bras dessus, bras dessous, suivi du père et du frère du fiancé, qui avaient pris l'enfant entre eux. Kristan et un SS fermaient la marche. Le mariage a été conclu une nouvelle fois au bureau d'état civil d'Auschwitz, selon le droit allemand.

Un peu plus tard, le groupe est revenu dans notre quartier. Pendant que le père et le frère faisaient leurs adieux, Kristan a envoyé notre supérieur chercher le chef d'orchestre et l'ensemble de détenus qui devaient jouer pour les jeunes mariés. Mais comme l'autorisation n'avait pas été demandée au chef du camp, le concert n'a pas eu lieu.

Trois fois faux ! Premièrement, c'est un Espagnol qui s'est marié. Il a défendu Madrid, puis il a fui en France, là, il a dégotté une Française et lui a fait un enfant. Quand l'enfant a été un peu plus grand, l'Espagnol étant toujours au camp, elle a commencé à crier haut et fort qu'elle voulait se marier. Alors on a envoyé une requête au *Reichsführer* en personne. Himmler s'est indigné : Une telle immoralité dans la nouvelle Europe ! Le mariage doit avoir lieu immédiatement. Deuxièmement, la Française a été traînée avec l'enfant, sans autre forme de procès, à l'intérieur du camp, où ils avaient débarrassé entre-temps l'Espagnol de ses frusques rayées. Ils lui avaient passé un costume élégant que le kapo du camp avait lui-même repassé à la buanderie, noué une cravate aussi bien assortie que possible autour du cou, et le mariage a pu être célébré. Troisièmement, l'orchestre a réellement joué, après la cérémonie, au moment où les jeunes mariés ont été envoyés au service anthropométrique pour les photos de mariage : elle, un bouquet de jacinthes et l'enfant dans les bras, lui, la poitrine fièrement bombée. L'orchestre marchait en colonne derrière eux et jouait le plus fort qu'il pouvait sans se laisser troubler par le SS de la cuisine, qui jurait comme un charretier : faire de la musique pendant les heures de travail, au lieu d'éplucher les patates ! Je vous revaudrai ça ! Ma soupe attend ses patates ! Allez vous faire… Ses collègues ont essayé de le calmer : c'est un ordre de Berlin ! Pour une fois, on peut bien servir le brouet sans patates. Entre-temps, on avait fini de prendre les mariés en photo, et ils ont eu le droit de se retirer au bordel, qu'on avait évacué pour la nuit. Le lendemain, la Française a été renvoyée dans son pays, et l'Espagnol a rejoint son *Kommando* de travail, dans sa veste élimée. Mais, dans le camp, ils se pavanaient tous : chez nous, à Auschwitz, on peut même se marier.

Le bordel était installé dans le baraquement 24, au premier étage. Il comprenait douze cellules, dans lesquelles travaillaient douze filles de joie allemandes et six polonaises. La plupart des femmes portaient le triangle noir, elles avaient déjà travaillé auparavant comme prostituées. Mais il y en avait aussi qui s'étaient présentées, poussées par le désespoir. La nourriture y était meilleure, et les hommes leur apportaient des cadeaux, la nuit. Il y avait eu le cas de cette jeune fille de dix-sept ans qui avait supplié le directeur du camp pour femmes de Birkenau, le *Hauptsturmführer* Hössler, de l'affecter au bordel. Elle n'avait encore jamais couché avec un homme, mais elle y était fermement décidée, ne fût-ce que pour sauver sa vie. Hössler avait été si ému qu'il l'avait fait transférer dans un meilleur *Kommando*. Une autre fois, c'était un Polonais qui avait vu sa femme assise à la fenêtre du bordel, en rentrant du travail. Jusque-là, il ne savait même pas qu'elle était dans le camp.

Chez les prisonniers politiques, fréquenter le bordel passait pour déshonorant. On avait besoin d'un coupon que l'on devait donner à l'entrée. Les kapos ne l'offraient qu'à ceux qui avaient fait quelque chose pour eux en contrepartie. Dans le hall, un infirmier SS administrait une piqûre aux clients : un quart d'heure après, ils devaient être sortis. Je savais à quoi le bordel ressemblait, notre *Kommando* avait dû en peindre les chambres à l'automne 43. Un prisonnier juif hollandais, artiste de talent, a dessiné sur ordre du commandant des femmes totalement ou à moitié nues sur les murs – c'est tout ce que les nazis entendaient par érotisme. J'imagine combien les SS ont dû s'amuser de leur idée de loger le jeune couple au bordel. Nous, cela ne nous a pas gênés, bien au contraire, ce mariage était une sorte de retour à une normalité qui nous manquait depuis longtemps. Nous l'avons pris comme une victoire patriotique, un acte d'affirmation de soi, peut-être aussi comme une compensation apportée après coup à notre défaite. Nous n'avons pas pensé à quel point tout cela allait abattre nos camarades polonais.

À votre santé, Rudi !

Soudain, tout était différent. Nous nous trouvions dans la cave du vestiaire, nous avions camouflé les fenêtres et fermé à clé la porte d'entrée du baraquement. Il y avait à manger. Et à boire. Je me suis même allumé une cigarette. Les yeux de Rudi brillaient. Ludwig aussi avait le visage rayonnant. Comment était-ce, Rudi, raconte-nous enfin, depuis le début et bien dans l'ordre.

Jusqu'à ce que la mort vous sépare.

Mais, ce soir-là, il était très loin. Je n'avais jamais pensé à la fuite. Celui qui fuit met en danger ceux qui sont restés. Pourtant, lorsque Ernst Burger et moi avons traversé, tard dans la nuit, la route du camp pour rejoindre notre baraquement, notre décision était prise. Nous allions fuir, car nous savions maintenant que nous étions bien vivants. Ce mariage était la preuve irréfutable de notre existence.

3

Le silence

Quarante ans après, elle y pense parfois, tous les jours, à chaque instant, toujours plus rarement. Des bribes de souvenirs lui reviennent alors à l'esprit, mais l'intimité a disparu, le désir, l'envie d'être désirée. Une nuit, elle s'assied, avec une ferme intention. Elle tend l'oreille, retient son souffle. Comme elle est heureuse de ce silence. Juste ce petit glouglou anodin dans les tuyauteries du chauffage. Son mari est déjà au lit. Il lui serait désagréable d'être surprise en train d'écrire. Une trahison envers lui en quelque sorte, comme si elle devait avoir mauvaise conscience, à cause de lui et aussi de l'enfant, depuis longtemps devenu adulte. Et elle se sent un peu perdue : l'ombre de Rudi devient floue. Les années ont eu raison de son assurance, de sa vitalité, de sa certitude que les choses suivent toujours le cours souhaité. Elle fait le compte : quatre opérations difficiles, l'hypertension, la grave maladie d'Edi, qui l'a beaucoup inquiétée, la mort brutale de son frère, l'issue décevante de la grande révolte, l'absence de véritable révolution dans son pays natal. Et le pire que l'on puisse vivre, écrit-elle, la perte de foi en la bonté de l'homme et la prise de conscience que les idéaux ne sont que des chimères, des questions de carrières. C'est ainsi qu'elle s'excuse – d'autant plus qu'elle n'a plus vingt ans (elle en avait vingt-neuf à la fin de la guerre) – de son griffonnage maladroit et confus, qui parle pourtant du grand jour, de la dernière nuit, et de l'absence. Nulle part, écrit-elle, je n'ai été aussi malheureuse.

Nulle part, je n'ai été aussi malheureuse que dans cette petite ville arriérée, chez cette bouchère grincheuse, ronchonne, aux yeux de laquelle je n'étais toujours que la sale chienne – j'ai oublié tous les mots que je connaissais en allemand sauf cette injure, et je ne voulais qu'une seule chose, partir, n'importe où, pour ne plus être traitée de sale chienne, mais cela n'était pas possible, personne ne voulait de moi ni d'Edi, et, dans mon épuisement et ma solitude, j'étais d'accord pour aller à Vienne. Le père de Rudi était contre, il m'a écrit que son appartement était beaucoup trop petit pour nous tous, mais je me suis quand même décidée, et à Vienne, il n'y avait rien à manger, rien à acheter, rien pour se chauffer, surtout pour une étrangère avec son enfant, une fois, on m'a même éjectée du tramway, j'ai encore eu de la chance de m'en tirer. La maison a été bombardée, Edi et moi avons été les seuls à continuer à vivre dans les ruines, mais ça, c'était plus tard, il y a d'abord eu le télégramme. Je n'avais rien à me mettre, et la bonne Mme Vesely, que je n'oublierai jamais, m'a emmenée chez une amie, une couturière, qui s'ennuyait tant de son mari déporté. Dans sa chambre minuscule, j'ai vu pour la première fois de ma vie un lit qui se transformait en armoire en un tour de main, et c'est à côté de ce meuble qu'elle m'a confectionné un tailleur. Mme Vesely, de son côté, m'a offert un chemisier en nylon, qui brillait comme de la soie, et à Edi le pull-over et la culotte à bretelles qu'il a portés à cette occasion. Nous avons dû passer la nuit précédant notre départ chez mon beau-père pour arriver à l'heure à la gare, à l'aube ou au crépuscule, dans la pénombre en tout cas, et, comme cela nous était déjà arrivé une fois, nous avons eu un compartiment pour nous seuls, Edi a dormi sur la banquette à côté de moi, il souriait dans son sommeil, j'avais l'impression que nous n'arriverions jamais.

Sur le quai, dans l'air froid de cette ville étrangère, un soldat nous attendait avec l'ordre de nous mener au camp. Nous sommes partis à pied, non, une voiture nous y a conduits, sur le bord de la route, des femmes en blouses élimées creusaient des fossés avec une bêche et une pioche, et j'avais honte en voyant leurs visages gris et leurs mains rougies par le froid. Puis nous sommes descendus de la voiture et nous avons franchi le portail, et c'est alors que j'ai vu l'inscription, les barbelés et, derrière, les miradors avec leurs meurtrières, et aussi les détenus, qui nous dévisageaient, leurs regards méfiants m'ont fait mal. Nous avions à peine fait quelques pas que l'orchestre a commencé à jouer et sa musique m'a portée jusqu'au bureau, où se tenaient des officiers en bottes. Ils nous ont dit de prendre place sur l'un des bancs, au premier rang, puis nous avons été appelés chacun par notre nom, nous nous sommes avancés, et nous avons signé. Rudi a sorti à l'improviste deux alliances en or de sa poche, il en a passé une à mon doigt, je lui ai passé l'autre. Alors seulement, je lui ai sauté au cou. Le père et le frère de Rudi ont signé l'acte, et le mariage a été déclaré conclu.

L'orchestre a joué une nouvelle marche lorsque nous avons quitté le bureau, j'ai eu l'impression que les prisonniers avaient l'air plus aimables, comme s'ils avaient arraché une victoire à leur propre ennemi. Nous sommes allés ensuite à la cantine, où le couvert n'avait été mis que pour nous, et les détenus qui nous ont servis m'ont murmuré à l'oreille comme ils étaient heureux de ce mariage exceptionnel. Après le repas, nous avons visité les chambres qui nous avaient été attribuées pour la nuit, l'une pour mon beau-père et mon beau-frère, l'autre pour nous trois. Pendant que nous montions l'escalier, Rudi m'a dit, ne prends pas mal le fait qu'ils nous aient logés ici, c'est en effet l'endroit où travaillent normalement les prostituées. Des détenus politiques nous attendaient déjà au premier étage, dans un long couloir sur lequel ouvraient de nombreuses portes. Ils nous ont félicités, ont plaisanté, et nous ont offert des dessins qu'ils avaient faits eux-mêmes pour l'occasion. L'un des prisonniers était particulièrement grand, un mètre quatre-vingt-dix ou quelque chose comme ça. Il nous a embrassés et m'a glissé un bouquet de fleurs entre les mains. C'était le photographe qui, ensuite, a fait les photos de mariage. Avant de prendre congé, il m'a donné l'adresse de ses parents. Il m'a priée de leur rendre visite à Vienne et de leur dire qu'ils ne devaient pas se faire de souci, il était en bonne santé et optimiste. Je suis réellement allée les voir, peu après notre retour, et je leur ai tout raconté ; à partir de ce jour, ils nous ont invités chez eux une fois par semaine, Edi et moi, ils partageaient leur repas avec nous et me donnaient même des provisions à emporter.

Après la rencontre avec ses amis, Rudi m'a emmenée faire une longue promenade à l'intérieur du camp, c'est là qu'il m'a raconté ce que personne ne savait à Vienne, ou taisait : ici, on tuait les Juifs par milliers, dans des chambres à gaz, ou, quand le gaz venait à manquer, en les brûlant. Rudi m'a aussi confié que le groupe de résistance avait projeté une évasion. Il m'a dit, tu dois comprendre que je serai de la partie, même si je t'ai épousée pour que notre enfant porte mon nom.

Chiquita, m'a-t-il dit, pour le cas où il m'arriverait quelque chose, où nous devrions ne plus jamais nous revoir.

Après le dîner, nous sommes montés dans notre chambre. Rudi était fou de son fils, ce n'était pas étonnant, Edi était un vrai petit polisson, éveillé, confiant, et beau comme un ange avec ses boucles. Ils ont joué, fait les fous, et Edi a fini par s'endormir. Rudi et moi, nous avons encore parlé pendant des heures. Il avait changé, quelque chose manquait.

Le lendemain matin, nous avons dû nous lever tôt. La voiture qui devait nous ramener à la gare attendait déjà. J'avais dormi profondément, mais Rudi était resté éveillé toute la nuit. Il a encore eu le droit de nous raccompagner jusqu'à l'entrée, où il a embrassé son père, puis son frère. Ensuite, il a couvert Edi de baisers. Enfin, il m'a serrée dans ses bras, sois forte, ma petite femme, a-t-il murmuré, puis il s'est brusquement détourné et est reparti vers le camp. Je l'ai suivi longtemps du regard, dans l'espoir qu'il se retournerait une dernière fois.

J'ai encore devant les yeux l'image des douze Polonais pendus en juillet 43. Leur *Kommando* avait effectué des travaux d'arpentage au-delà de la ligne principale des postes de garde, et trois hommes avaient profité de l'occasion pour filer. Un soir, tous les autres se sont balancés sur une traverse vissée sur deux montants massifs en bois, devant le baraquement de la cuisine. Pour pénétrer dans celle-ci, nous devions obligatoirement passer devant. Ils avaient le visage jaune, le cou anormalement tendu, des filets de salive à la commissure des lèvres. Ainsi, nous savions que nous ne mettions pas seulement notre propre vie en péril. Mais tout de même, le mariage nous avait donné un nouvel élan et, si nous nous laissions effrayer par les sanctions, nous n'entreprendrions jamais rien. Or, il était grand temps, le front se rapprochait, l'Armée rouge pouvait avancer jusque dans notre région à la prochaine offensive. Les SS se replieraient vers l'Ouest, mais auparavant ils liquideraient tous les détenus. Ce n'était pas une simple supposition de notre part, nous devions apprendre par la suite que la direction du camp avait interrogé Hoess, pour le compte de Himmler, sur les moyens à employer pour rayer Birkenau de la carte et en effacer toute trace humaine. D'après nous, ce projet ne pouvait être déjoué que par une action commune avec les partisans polonais. Il ne nous restait pas d'autre solution que de faire sortir du camp le noyau du groupe de résistance.

Dans les premières semaines, Rudi était très malheureux. Puis mon amie Sari, qui travaillait avec nous au bureau de l'état civil, est tombée follement amoureuse de lui. Ce n'est pas très étonnant quand on pense que même les SS, et jusqu'au commandant du camp, avaient succombé à son charme. Je crois qu'il y avait dans cet engouement pour lui une raison qui n'avait pas grand-chose à voir avec sa façon d'être et sa réputation de bourreau des cœurs. Au cours de toutes ces années, nous avions emmagasiné tant d'amour inutile qu'il n'attendait que ce mariage pour se libérer et se focaliser sur le jeune marié. Au début, Rudi a résisté, j'ai remarqué qu'il fuyait Sari, qu'il battait en retraite quand elle essayait de se rapprocher de lui, et qu'il évitait dans la mesure du possible de répondre à ses regards. Il était même un peu froid ou réservé, ce qui était bien loin de décourager mon amie, au contraire, elle n'avait plus d'yeux que pour lui. À la longue, il n'a pu se soustraire à ses avances et, pour finir, leurs sentiments sont devenus réciproques. Rudi a rapidement trouvé un prétexte pour venir régulièrement nous rendre visite au bureau. Il a fait comprendre à Kristan qu'il avait mis de côté un jerrican d'huile pour remercier le personnel de l'état civil de son accueil. Chaque samedi après-midi, il arrivait avec un grand bidon d'huile pour nourrir le plancher en bois brut. Le moment était bien choisi, car nos supérieurs, à l'exception d'une sentinelle, avaient alors quartier libre. Les occasions d'échanger des tendresses étaient néanmoins rares. De temps à autre, Rudi pouvait donner un baiser à mon amie, derrière une porte ou à l'abri d'une armoire. Nous, les secrétaires, nous faisions tout pour favoriser leur bonheur. Sari me montrait en cachette les poèmes d'amour qu'il composait pour elle et elle nous transmettait toutes les informations qu'il lui révélait sur les événements politiques et militaires.

C'était donc une chose décidée : Ernst Burger et moi-même, nous allions prendre le large. Avec Zbyszek Raynoch, qui travaillait avec moi à l'infirmerie des SS. Nous devions également avoir à nos côtés quelqu'un qui parlait polonais, sinon nos chances de survie à l'extérieur auraient été quasi nulles. Nous avons obtenu par l'intermédiaire d'ouvriers travaillant dans le civil tous les renseignements concernant l'itinéraire, la première halte, le ravitaillement, et la prise de contact avec les partisans. Nous avons aussi appris quand et où les SS risquaient de nous chercher le plus. Nous nous sommes procuré à l'infirmerie des analgésiques et des tonicardiaques, ainsi que des capsules de poison pour le cas où notre tentative échouerait. Le problème était que nous ne pouvions même pas mettre au courant nos amis intimes. Notre fuite allait les surprendre. Nos proches parents devaient s'attendre à des représailles. Dans le meilleur des cas, nous avons pu les y préparer discrètement par des lettres qui sortaient clandestinement du camp. Se posait encore la question de savoir qui allait prendre la tête du groupe de résistance après notre départ.

Friemel, ai-je dit. L'autre Autrichien auquel nous avions pensé ne m'inspirait pas confiance. Non pas que je doute de son courage. Il avait su se montrer téméraire. Mais en tant que kapo affecté au magasin de vêtements, il vivait comme un coq en pâte. Il avait une chambre individuelle, bourrée de linge. Un jour, j'ai frappé à sa porte, il était justement en train de dîner en compagnie du *Rapportschreiber* et se faisait servir par deux jeunes détenus. La table ployait sous les victuailles : rôti, légumes, gâteaux, alcool, tout ce que l'estomac peut convoiter. Viens, m'a-t-il dit, garde ta casquette sur la tête. Sa grandeur d'âme m'a indigné.

Non, pas celui-là. Rudi.

D'accord, a fait Ernst Burger. Je vais lui parler.

Deux jours avant la date fixée pour notre évasion, Friemel est venu me voir.

Je voulais te parler, a-t-il dit, parce que tu me connais depuis l'Espagne. Je sais quelles responsabilités m'attendent. À vrai dire, je ne me sens pas à la hauteur. Car, autrefois, je n'ai pas toujours agi comme il aurait fallu.

Ne raconte pas de bêtises. Nous connaissons ton travail ici, au camp. Nous te faisons confiance. Tu es vraiment le meilleur.

Il a gardé un moment le silence en considérant le bout de ses chaussures. Puis il a levé la tête. Il m'a regardé, mais j'ai eu l'impression que ses yeux étaient en réalité perdus dans le vide.

Cela fait du bien d'entendre cela avant que vous partiez, a-t-il fini par ajouter.

Cela ne s'est pas passé ainsi. Il oublie un petit détail. C'est que je me suis évadé avant eux. Et, avant moi encore, Alfred Klahr, sur mon initiative. Nous avons été les seuls détenus non polonais à réussir notre évasion du Grand Camp. Klahr a été fusillé deux ou trois semaines plus tard à Varsovie par une patrouille allemande, sans doute pendant une rafle, peu avant le soulèvement. Mais moi, je suis encore là. Et cela, il l'a tout simplement passé sous silence. Récemment, je l'ai entendu dire à la radio, devant une classe, qu'aucun Autrichien n'avait réussi son évasion d'Auschwitz. Je le croise peu de temps après dans la rue et je l'interpelle : Pourquoi as-tu sorti une telle connerie ? Est-ce que je ne me suis pas évadé, est-ce que je suis un fantôme ou quoi ? Et lui de répondre : D'accord, mais toi t'es un Juif ! Cette réponse idiote m'a fait monter le pouls à cent quatre-vingts, alors que le médecin m'a interdit tout énervement. J'aurais préféré régler l'affaire sur-le-champ. Venons-en aux poings, mon cher Hermann. Mais de quoi ça à l'air, deux vieux râleurs qui s'empoignent dans la rue.

Revenons à Klahr. C'est le camarade qui, accroupi dans le cagibi sous l'escalier du baraquement 4, a rédigé d'une écriture très fine, presque illisible, son traité sur la question autrichienne. Friemel l'a ensuite transmis à Vienne par le biais d'un SS, un certain Karl Hölblinger, qui manifestement était un type bien. Il a continuellement apporté du courrier au vieux Friemel, il serait même allé le trouver dans l'entreprise où il travaillait comme portier, chez Brown Boveri. Mais, pour en revenir à Klahr, on ne pouvait ôter de la tête des frères allemands que l'Autriche avait été une victime consentante. Même à Auschwitz, il y a eu d'âpres discussions sur ce sujet entre les prisonniers. Ce n'est pas un hasard si

Klahr a écrit que le KPD s'était fait remorquer par les fascistes. Bref, je me suis refusé à fuir tant que Alfred Klahr ne l'avait pas fait lui-même. Il était tout de même notre grand théoricien, professeur à la *Leninschule*, il avait fait ses preuves dans la lutte clandestine, c'était un homme plein de mérite. J'ai eu du mal à le convaincre. Et aujourd'hui, je me dis, mais qu'est-ce que je lui ai fourré dans le crâne, s'il était resté à Auschwitz, il serait peut-être encore en vie. Mais il est mort.

Pour moi, la situation était différente. Je devais être liquidé à la première occasion, sur ordre de la Gestapo de Vienne. C'est pourquoi Ernst Burger m'a donné la priorité. Le 22 juillet, j'ai filé avec un Polonais, Szymon Zaydow. Tout s'est bien passé pendant la fuite, nous nous sommes ensuite séparés, il est parti à Cracovie, mais le fait d'être juif a bien failli lui coûter la vie. Non pas à cause des nazis, ce sont ses propres compatriotes qui l'ont laissé tomber. Leur fichu antisémitisme. Après la guerre, nous nous sommes revus deux fois, la République populaire de Pologne, pour moi, c'était quelque chose, je l'ai envié d'avoir le droit de participer à l'édification du socialisme, mais il était sceptique, même complètement démoralisé lors de notre dernière rencontre, c'est clair, il connaissait la réalité, alors que moi, pauvre imbécile, je jouais en face de lui le superstalinien. Il a émigré en Australie, en 1956, je lui ai encore écrit quelques lettres, qui sont restées sans réponse.

Mais j'anticipe. Nous sommes en juillet 1944, en plein été. Je suis loin. Et le noyau du groupe est encore dans le camp.

Leur amourette a duré ainsi plus de deux mois. Puis j'ai remarqué une grande nervosité chez mon amie. Elle ne cessait de pleurer, ses mains tremblaient. Je lui ai tiré les vers du nez, et elle m'a confié que Rudi était fermement décidé à fuir avec quelques camarades. Et qu'il voulait absolument l'emmener. Mais Sari avait peur, elle ne pouvait se décider aussi vite et lui a demandé quelques jours de réflexion. Rudi n'a pas cédé : c'était maintenant ou pas du tout. Tu sais ce qu'ils vont faire de nous avant d'évacuer le camp. De plus, ils ont repéré notre organisation clandestine. Ce n'est plus qu'une question d'heures, de jours tout au plus, avant qu'ils ne nous tiennent tous. Sari a hésité. Après, cela a été trop tard.

C'est possible que le mariage ait eu des conséquences de toutes sortes, psychologiques, je veux dire. Mais c'est seulement fin juillet que nous avons compris que le temps pressait. Un jour, un petit groupe d'individus a fait son apparition à l'intérieur du camp, des formes humaines en loques, les pieds en sang et les joues creuses, de véritables mourants, qui tenaient à peine sur leurs jambes. C'était tout ce que les nazis avaient laissé du camp de Majdanek. Tous les autres détenus avaient été liquidés sur place ou étaient morts en chemin, pendant la marche forcée. Nous avons alors brusquement compris qu'il était temps d'agir. Pour éviter qu'Auschwitz ne connût une fin semblable. Nous devions provoquer une rébellion depuis l'extérieur ou organiser au moins une résistance armée. Ou, pour être cynique : mettre les cadres en sécurité, à temps. Car on aurait encore besoin d'eux, les politiques, après la fin de la domination nazie, lorsqu'on en arriverait à la lutte pour l'édification du socialisme. Bien que nous ne sachions pas trop nous-mêmes, à l'époque, quel serait l'avenir de l'Europe. Je me souviens que Friemel a rédigé, à peu près à ce moment-là, une analyse que quelqu'un a pu faire sortir clandestinement du camp. Il y livrait ses réflexions sur l'ordre de l'après-guerre. Il tenait pour possible une alliance des Occidentaux avec une Allemagne nazie (sans Hitler, bien sûr) contre Staline. Il n'avait pas complètement tort. Dans l'hypothèse d'une Allemagne post-nazie, sa prophétie était juste. Il n'était pas bête, ce garçon, il se faisait sa propre opinion à partir des émissions à la radio, dans son *Kommando* de travail. Ensuite, on en discutait. Prises de parole enfiévrées sur la stratégie à adopter, la politique des alliances, la répartition des sphères d'influence. Bref, baratin, conneries. À côté de nous, dans le même temps, on liquidait les Juifs. Leur extermination en masse n'entrait pas dans notre calcul politique.

Deux jours avant, il me dit, donc : cela fait du bien d'entendre cela avant que vous partiez. Deux jours plus tard, nous sommes toujours là. Nous avons en effet appris que les partisans qui nous attendaient à l'extérieur ont été attaqués. La liaison est rompue. L'évasion doit être repoussée.

Et lorsque le moment arrive enfin, cela fait belle lurette que je me trouve dans un autre camp, à quelques centaines de kilomètres plus au nord-ouest.

L'idée de départ était plutôt séduisante : habillé d'un uniforme SS volé et muni d'un faux laissez-passer, je devais faire sortir Burger et Raynoch du camp. Nous nous serions cachés dans la cage d'ascenseur d'un ancien silo à grain, près des postes de garde, qui n'étaient occupés que pendant la journée. En général, après une évasion, cette ligne d'avant-postes était surveillée pendant trois nuits de suite par des sentinelles. Nous aurions tenté de passer cette première étape au cours de la quatrième nuit.

Le nouveau plan, comme je l'ai appris plus tard, n'avait plus rien à voir avec le premier. D'abord, parmi les détenus prêts à s'enfuir, personne ne voulait prendre ma place et se déguiser en SS. Ensuite, les gardes seraient certainement maintenues plus de trois nuits. Et pendant combien de nuits, cela, on ne pouvait le prévoir. De ce fait, une évasion en deux temps, avec une planque intermédiaire à l'intérieur du camp, était exclue. On avait bien besoin d'un conseil éclairé. Et c'est là que Rudi Friemel entre de nouveau en jeu.

C'est lui en effet qui a organisé la fuite. Il a convaincu un SS, un chauffeur, d'être de la partie. L'homme devait sortir du camp avec un camion chargé de caisses dans lesquelles seraient cachés Burger Ernst et un Polonais et… je crois qu'ils étaient trois. Ce SS, qui s'appelait Frank, a mis un deuxième SS dans le coup, un Allemand des Sudètes qui s'est déclaré partant. Il a même pris une part active aux préparatifs de l'évasion.

La date en a été fixée au 27 octobre, à 10 heures précises du matin. Le point de rencontre est le terrain devant le magasin de vêtements. C'est de là que partent les camions avec le linge sale. Mais l'un des détenus, Edek, doit encore transmettre un message à la cuisine des SS avant le départ. C'est sa tâche quotidienne et, par prudence, il ne peut pas la laisser tomber. Il se rend donc à la cuisine et attend le SS auquel il doit donner le message. Neuf heures quarante-cinq, encore aucune trace de l'autre. Neuf heures cinquante. Edek s'inquiète. À 9 h. 54, il pose le billet sur le bureau de l'Allemand et court jusqu'au baraquement du magasin de vêtements. Il est dix heures passées de peu lorsqu'il l'atteint. Pas de camarades en vue. Se seraient-ils déjà cachés dans un camion ? Il a oublié le numéro de la plaque minéralogique du véhicule prévu pour l'évasion et il ne sait pas non plus lequel des chauffeurs est le bon. Il reste là, indécis, et regarde les camions partir, l'un après l'autre. Edek est déçu. Ils ne l'ont donc pas attendu, juste ces quelques minutes. Il rejoint son *Kommando* de travail, en rentrant les épaules. Dans une heure, deux au plus, l'évasion va être découverte, la sirène va hurler, les SS vont lâcher les chiens, la section politique va ordonner que l'on enferme au mitard tous les détenus soupçonnés d'être complices.

Mais il ne se passe rien, Edek. Pas de sirène. Tes amis doivent être déjà loin.

Soudain, la porte du secrétariat s'ouvre violemment. Un homme entre en courant. Il lance à la ronde les noms des fuyards : Ernst, Zbyszek, Benek, Piotr et Czesiek, qui a pris la place de Edek au dernier moment. L'homme a la voix entrecoupée, il est encore tout essoufflé. La nouvelle. Edek écoute. On ne peut pas dire qu'il se sente à l'aise.

Le SS débauché par Friemel devait conduire un camion de linge sale à la blanchisserie de Bielsko. Ou plutôt, non, il voulait fuir lui aussi, c'est donc l'autre, l'Allemand des Sudètes, Johann Roth, qui était au volant, et Frank était caché comme les détenus dans une caisse du chargement. Roth devait les libérer pendant le trajet. C'est ce qui avait été décidé. Mais Roth a tout dévoilé à la Gestapo : qui se trouvait dans les caisses et où les partisans les attendaient, c'est-à-dire à l'auberge du village de Łęki. Le camion est bien parti et a été arrêté au poste de contrôle. Plusieurs SS en armes sont montés, la voiture a fait demi-tour et a stoppé directement devant le baraquement 11. On a extrait les fuyards de leurs caisses. Je suppose qu'ils avaient déjà remarqué que l'évasion avait raté et qu'ils avaient pris du poison. Les médecins ont immédiatement pratiqué une gastrectomie. Zbyszek et Czesiek sont quand même morts. Entre-temps, les SS avaient encerclé l'auberge de Leinki, il y avait eu de terribles fusillades, deux partisans avaient été tués, et trois arrêtés. Juste après, les SS ont également arrêté Friemel, car ce traître de Roth avait dit que Vesely et lui étaient les cerveaux de l'opération. Qu'ils s'étaient procuré de faux laissez-passer et avaient pris contact avec les partisans. Friemel et Vesely ont donc été emprisonnés. Ils voulaient fuir eux aussi ? Ça, je l'entends pour la première fois. Je suppose alors que leur évasion devait avoir lieu plus tard. Ainsi, presque toute la direction clandestine se serait trouvée à l'extérieur. Cela ressemble bien à Friemel d'avoir absolument cherché à emmener son amie. Vesely était follement amoureux lui aussi, de Jolanna, une Juive de Slovaquie qu'il avait connue à Birkenau. Sans doute a-t-il voulu également la prendre avec lui. Deux couples d'amoureux, comme c'était romantique. Irresponsable, si vous voulez mon avis. Combattre ou flirter. Les deux ne vont pas ensemble. Je ne veux pas dire du mal de Friemel, mais c'était d'une légèreté impardonnable de faire confiance à un SS. D'ailleurs, pourquoi voulait-il s'enfuir ? À Auschwitz, il ne lui serait presque certainement rien arrivé. C'était celui d'entre nous qui détenait les meilleures cartes : il était considéré comme un Allemand du Reich, était bien nourri, fort, motivé, bien intégré dans la structure du camp, il avait de bonnes relations jusque dans les hautes sphères. Sa copine du secrétariat ? Oui, pour elle, cela aurait pu mal finir.

Rudi a donc bien senti que cela allait mal finir. Nous avons appris qu'un SS avait retourné sa veste au dernier moment, et aussi que Rudi avait été accusé d'avoir clandestinement fait sortir, au fur et à mesure, des vivres, des vêtements, des cartes et des médicaments. Mais le pire était, évidemment, la tentative d'évasion et les contacts avec les partisans. On l'a amené plus d'une fois dans notre département pour l'interroger. On le torturait dans la pièce à côté, ça, nous le savions, mais, à travers la mince cloison, nous n'entendions ni les coups, ni la respiration bruyante du bourreau, ni les cris de douleur de Rudi. Ou bien, c'est ce que je m'imagine. Un film, qui passe devant mes yeux, interminable et sans paroles : Rudi, Sari, les certificats de décès, le registre des morts, et les lettres de Suisse de mon fils que je reverrais un jour, sur le pont de Sankt-Margrethen.

D'habitude, les SS s'accordaient beaucoup de temps. Rudi devait souvent attendre son interrogatoire pendant six ou huit heures. C'était particulièrement pénible pour Sari. De peur de se trahir, elle n'osait pas lui rendre le moindre petit service. Le visage exsangue et les yeux battus, elle se recroquevillait sur sa table. Je réussissais parfois à passer subrepticement un verre d'eau à Rudi ou à ses compagnons d'infortune.

Ils se défendaient très habilement tous les cinq, et on ne pouvait démontrer d'une façon irréfutable leur culpabilité malgré les lourdes présomptions qui pesaient sur eux. De plus, une controverse inattendue a éclaté entre le directeur de la section politique et le commandant du camp Baer : Brose, le chef de la Gestapo de Katowice, a été trouver Baer pour plaider en faveur des accusés. Selon lui, on devait prendre en considération le fait que Rudi était un détenu à part et que son mariage au camp pouvait être utilisé à des fins de propagande comme un geste humanitaire. Même le directeur du camp, Hössler, était contre une exécution. Mais Baer avait promu le SS Roth pour avoir dévoilé le complot, et il en allait de son prestige. Les gracier aurait été pour lui une défaite personnelle.

Nous attendions donc tous le verdict. Nos pensées allaient sans cesse vers le baraquement 11, où se trouvait le cachot.

En fait, il s'appelait Jakob Kozelczuk, mais tout le monde le surnommait Bunkerjakob. Il était l'homme à tout faire et devait préparer les détenus aux interrogatoires ou les déshabiller avant leur exécution. Le bruit courait au camp qu'il avait été l'entraîneur du champion du monde de boxe Max Schmeling, ce que Schmeling a démenti plus tard. Mais cela aurait pu être possible, aucun doute là-dessus. Un géant avec une force et des battoirs prodigieux, qui parlait un étrange mélange de polonais, d'allemand, de yiddish, de russe et d'anglais. Nous l'aimions assez malgré ses horribles fonctions. Après la guerre, il a émigré en Israël, où il a vécu tant bien que mal comme hercule de foire. Un procès intenté contre lui a été classé grâce à des témoignages en sa faveur. Quand il devait battre des personnes, il s'y entendait pour paraître féroce tout en ménageant ses victimes. Quelqu'un a prétendu qu'il avait surtout aidé ses coreligionnaires, c'est-à-dire les Juifs. Et qu'il avait eu moins de grandeur d'âme envers tous les autres. Mais ce n'est pas vrai. À moi, par exemple, il a sauvé la vie deux fois. La première, lorsqu'il m'a fouillé sur ordre de la section politique et qu'il a fait semblant de ne pas voir le bout de papier portant des numéros de détenus juifs dans ma poche de poitrine. S'il l'avait montré aux SS, nous aurions tous passé un mauvais quart d'heure. La deuxième fois, quand il m'a poussé vers un coin obscur pendant une sélection qui avait lieu au cachot, si bien que Grabner ne m'a pas remarqué. Jakob avait été assez souvent au trou lui-même, à cause de ses écarts bienveillants. Pour avoir été surpris en train de distribuer cigarettes, médicaments et couvertures, nous avoir mis en garde contre les espions, avoir passé de la nourriture en douce aux détenus se trouvant au mitard, ou transmis des messages clandestins. Il a dû remplacer plusieurs fois le bourreau. Lors d'une de ces exécutions, la corde a craqué. Jakob a cru que les SS laisseraient la vie sauve à leur victime, comme c'était, semble-t-il, l'usage au Moyen Âge en pareil cas. Mais le condamné a été pendu une deuxième fois. Et Jakob s'est retrouvé au mitard pour un long séjour, il s'en est fallu de peu qu'il ne fût lui aussi pendu. Mais il était trop précieux aux yeux des SS. Comme il avait accès à l'ensemble des magasins, ils pouvaient tout se procurer par son intermédiaire.

Jakob. Jakob Kozelczuk. Et Rudi Friemel. Burger, Vesely, les deux Polonais. J'imagine qu'il a enfreint les ordres et qu'il leur a donné immédiatement l'occasion de se concerter. Ainsi, ils ont pu s'entendre entre eux sur leurs déclarations. Il est prouvé qu'ils ont pu, tous les cinq, faire passer des nouvelles à l'extérieur, et pas seulement aux membres du groupe de résistance, grâce à son aide. Je suppose que c'était encore ce même Hölblinger qui acheminait leur courrier jusqu'à Vienne. En tout cas, il est arrivé au moins une lettre de Vesely à sa mère, et une autre à son amie, à Birkenau. Dans cette dernière, il la remercie pour les chaussettes chaudes et le pull-over qu'elle a réussi à lui envoyer au cachot. Cela n'aurait pas marché sans Jakob.

Nos regards dérobés vers le cachot et vers la place où a lieu l'appel. On y monte la potence, puis voilà qu'on la démonte et qu'on la fait disparaître quand arrive de

Berlin l'ordre de surseoir au jugement et de poursuivre l'instruction. On la remonte une deuxième fois et on la redémonte. Coups de marteau pesants, silencieux à mon oreille. Ce calme tout autour, ce silence, l'affût et l'attente de quelque chose qui ne vient pas, ce silence qui déchire le silence.

4

Quatre-vingt-dix pour cent

28.10.44 – Ma très chère Marga, mes craintes se sont révélées justes : je suis au cachot. Je ne sais si ces lignes arriveront jamais jusqu'à toi ; mais je t'écris quand même, c'est pour moi un énorme soulagement dans ces heures difficiles. Espérons que tout se terminera bien ! Hier, quelques camarades ont voulu s'enfuir. Ils ont été repris parce qu'un soldat les a trahis. Aussitôt après, Ludwig et moi avons été arrêtés. Nous avons déjà subi un terrible interrogatoire. S'ils continuent ainsi, je devrai me suicider. Jusqu'à présent, il y a deux morts.

1.11. – Aujourd'hui, ils ont continué leur interrogatoire, mais cette fois cela n'a pas été aussi dur. Ludwig est tiré d'affaire. Ils ne l'ont pas beaucoup frappé. J'ai l'impression que la situation s'arrange un peu, mais il n'est pas encore certain que j'aurai la vie sauve. Nous avons déjà trois morts. Cette après-midi, ils nous ont enfermés dans une cellule – nous sommes encore cinq –, c'est tout ce qu'il reste de nous.

5.11. – Nous avons appris que l'instruction était terminée. Maintenant, ils doivent envoyer le dossier à Berlin. Nous avons fait une bonne impression lors des interrogatoires ; notre attitude ferme leur en impose. Aucun d'entre nous n'a dit du mal de ses camarades, chacun s'impute la faute. Cependant, la situation ne m'inspire pas confiance. Je m'y connais. Nous devons compter sur une peine extrêmement sévère. Fusil-

lade ou pendaison. Dès qu'il y aura du nouveau, je t'écrirai.

12.11. – Nous sommes encore en vie. Ils disent que l'affaire va bien se terminer. Le chef du camp doit intervenir en notre faveur. C'est une consolation, car notre sort dépend maintenant de Berlin. Les autres prisonniers s'attendent à la peine de mort. Nous sommes deux Polonais et trois Viennois. Ludwig va en réchapper et il t'enverra ces lignes. Il n'y a pas de lourdes charges contre lui, mais Ernst et moi passons pour des « Rouges irréductibles », quant aux autres, le problème c'est qu'ils sont polonais.

20.11. – Ma pauvre petite femme, il est temps pour moi d'être franc avec toi. Ils nous ont informé aujourd'hui que le dossier était revenu de Berlin. Leur conclusion en deux mots : « Vous devez vous attendre au pire. » Cela signifie qu'ils vont nous exécuter.

Ces derniers jours, j'ai réfléchi sur ma vie passée. Quand on sait que l'on va mourir, on scrute ses propres abîmes. Je peux reconnaître sans fausse sentimentalité les défauts et les faiblesses de mon caractère. J'ai connu les femmes de très bonne heure – à seize ans. Lorsque les autres découvraient tout juste l'amour, je savais déjà presque tout des femmes, de leurs bons comme de leurs mauvais côtés. J'ai pris les femmes comme elles venaient, sans trop les respecter. Il n'y a jamais eu de séparation tragique, mais je n'ai jamais ressenti non plus ce que l'on appelle l'amour véritable. Cela a duré ainsi pendant des années. Ce n'est qu'en prison que j'ai décidé de renoncer à ces liaisons passagères et de me consacrer entièrement à mon travail et à la lutte politique. Je n'ai eu aucun mal à mettre cette résolution en pratique.

Jusqu'à ce que tu arrives. En toi, j'ai trouvé la femme à laquelle je pouvais ouvrir mon cœur et, pour la première fois, j'ai compris ce qu'était l'amour, c'est-à-dire, pas seulement une attirance sexuelle. Mais nous n'avons jamais pu mener une vie normale. Aux circonstances connues sont venus s'ajouter les mauvais côtés de mon caractère et les restes de ma vie passée. C'est ainsi que nous n'avons pas réussi vraiment à nous comprendre. Ta grande vulnérabilité, ton épuisement physique et moral dans le combat pour notre survie ont encore creusé le fossé entre nous, et la séparation forcée nous menaçait de rompre entre nous pour toujours.

Entre-temps, j'ai compris combien tu comptais pour moi. Et j'ai aussi trouvé le chemin de ton cœur. Après tes expériences avec d'autres hommes, tu es arrivée à la même conclusion que moi : il fallait unir nos deux vies. Ces expériences m'ont atteint au plus profond de moi-même, mais elles m'ont permis aussi de gagner une famille : ma femme et mon enfant. Et même si je ne pouvais pas encore prétendre à ton amour, j'étais infiniment heureux. À partir de cet instant, je pouvais réellement penser à notre enfant et à son avenir. Te considérer comme ma femme légitime. Et tu as fait la même constatation. La lettre que j'ai reçue de toi à la veille de mon arrestation me le montre. J'ai suivi avec inquiétude et angoisse les nouvelles des attaques aériennes sur Vienne. Mais j'ai toujours gardé l'espoir de vous revoir, toi et notre petit garçon.

La vie a continué ici. La lutte aussi. Je n'ai pas pu cesser de lutter, tu le comprends bien. Et voilà que le destin m'a rattrapé, comme tant de millions d'autres avant moi.

Je ne suis pas triste, et tu ne dois pas l'être non plus, Marga. J'ai rempli mon devoir. Je meurs debout et pour mes idéaux. Il est juste douloureux d'entrevoir la fin des souffrances de l'humanité sans pouvoir participer soi-même à l'édification d'un monde nouveau, sans pouvoir profiter avec vous des fruits de si grands sacrifices.

Quand la guerre sera terminée, tu rentreras en Espagne, ma deuxième patrie si chère à mon cœur. Occupe-toi de notre fils, fais-en un homme qui soit toujours là pour les autres. Quant à toi, cherche à oublier comme il aura été dur de vivre avec moi. Pardonne-moi tout ce que je t'ai fait. Alors, je pourrai m'en aller en paix.

Jusqu'au dernier instant, je penserai à toi et à Edi. Je vous serre dans mes bras et je t'embrasse,

Rudi.

1.12. – Ma chérie, jusqu'à présent, je ne sais rien de précis sur notre sort. Cette incertitude est effroyable. Bien sûr, nous espérons échapper au pire et nous aurons peut-être ce bonheur, même si les chances sont minimes. Tout bien considéré, la situation n'est pas si grave : la guerre pourrait bien se terminer avant la fin de l'année. « Pourrait », dis-je, car je crois qu'elle va plutôt durer jusqu'en février ou mars.

Les fêtes sont imminentes. Tu seras seule, avec mon cher petit garçon. L'année prochaine, tu fêteras Noël avec tes frère et sœur, ou avec moi si tout se termine bien. Ne m'en veux pas si je ne t'écris plus dans les jours qui viennent. Le courage me manque. Je veux rester fort, et les pensées sentimentales rendent faible. Je vous souhaite de tout mon cœur et avec tout mon amour le meilleur qui soit, la paix et le bonheur. Et surtout, de sortir indemnes des bombardements, c'est ma plus grande préoccupation du moment.

Il vaut mieux qu'à partir de maintenant tu ne m'écrives plus que des lettres par la voie normale. Demain ou après-demain, je vais essayer de faire partir celle-ci, plus tard, ce ne sera peut-être plus possible. Ne m'envoie aucun paquet, même pour les fêtes. Je te supplie, à la place, de me faire parvenir une lettre ou une carte toutes les semaines, pour que je sache comment vous allez.

Père doit s'adresser au commandant du camp et lui demander si je suis encore en vie. Fais la même chose, toi aussi. Promis ?

3.12. – Ma pauvre et chère Marga. Le dossier a été renvoyé parce qu'il était incomplet. Cela signifie que nous allons subir de nouveaux interrogatoires. Ce n'est pas une mauvaise nouvelle, au contraire, cela veut dire qu'il n'a pas encore été donné suite à la demande de peine capitale. Le combat pour notre vie continue. Il va durer encore des semaines, et c'est toujours ça de gagné.

Marga, peut-être m'en veux-tu de t'avoir écrit tout cela. Mais il y a deux raisons à ma démarche : premièrement, tu dois tout savoir de ma vie et de mes souffrances dans ces jours décisifs, afin d'être forte pour le cas où tu recevrais une enveloppe bordée de noir. Deuxièmement, c'est un immense soulagement pour moi de pouvoir t'ouvrir mon cœur. (Demain, j'essaierai d'envoyer cette lettre, j'espère qu'elle t'arrivera.) Marga. Je voudrais pleurer dans tes mains pour oublier cette grande lassitude que je sens déjà. Je n'ai pas peur, tu me connais assez pour le croire, mais cela dure déjà depuis si longtemps. Et je voudrais enfin te serrer pour toujours dans mes bras. Si je survis, je mettrai tout en œuvre pour te revoir au plus vite. À quoi peux-tu bien penser, ma chérie ?

7.12. – Aujourd'hui, notre situation s'est un peu améliorée. Nous attendons la suite des événements. Une chose est sûre, je passerai encore ce Noël, c'est pourquoi tu dois me promettre que tu penseras un petit peu à ton bourreau ce jour-là.

Plein d'une nostalgie infinie, je t'embrasse, ton Rudi.

Embrasse mon mignon petit garçon pour moi.

14.12. – Très chère Marga, je n'ai pas pu donner ma lettre le 8, mais cela marchera demain.

J'ai de bonnes nouvelles. Ils ne nous exécuteront pas, à moins qu'il n'y ait encore des complications. Nous sommes sauvés à 90 %. S'ils ne nous tuent pas, nous recevrons vingt-cinq coups de cravache, peut-être cinquante, et nous serons libérés du cachot. Ils nous transféreront probablement dans un autre camp. Cela ne serait-il pas formidable ? D'ici deux à trois semaines, nous en saurons plus. Jusque-là, rien n'est encore clair. Espérons que tout ira pour le mieux.

Ludwig est déjà totalement hors de danger. Il va bientôt sortir du cachot. Tu dois le dire à sa mère, en insistant bien pour qu'elle le croie. Dis-lui bien des choses de sa part, il lui souhaite de bonnes fêtes. Qu'elle ne se fasse pas de souci, son bébé va bien, comme les autres d'ailleurs.

Ernst est dans la même situation que moi. Il serait important de raconter tout cela à sa sœur. Mais ni elle ni Mme Vesely ne doivent lâcher un seul mot là-dessus dans leurs lettres.

Peut-être pourras-tu à nouveau écrire en espagnol dans quelque temps, mais alors tu devras donner ta lettre au moment où on te remettra ma prochaine missive.

Bon, à l'heure actuelle, je peux donc encore rêver de nos retrouvailles. Ah, ma chérie, comme je les appelle de tous mes vœux ! Seras-tu encore mienne ? Pense un peu à moi, ma gentille femme, ne m'oublie pas totalement. C'est terrible de n'avoir aucune nouvelle de toi. Jusqu'à présent, je n'ai même pas reçu de lettres par la voie normale. Ne m'écris-tu donc plus ?

Ma chère, chère Marga, je t'embrasse passionnément et je te souhaite de très bonnes fêtes.

Pour toujours

Ton R.

Que devient mon petit cabochard ? Parle-moi de lui en détail, ma chérie. Un grand baiser pour vous deux !

5

La cicatrice

C'est très difficile d'avoir quelqu'un comme toi pour père. Que dire ? Bien sûr, j'ai essayé de me mesurer à toi. Mais finalement, je sais peu de choses sur toi. Rien, à vrai dire. Je ne me suis même pas donné la peine de chercher à en apprendre plus sur ta vie, car tu étais un héros, et, dans cette guerre, il y a eu beaucoup de héros dont personne n'a jamais parlé. Pour moi, tu n'en étais qu'un de plus, avec lequel j'étais apparenté par hasard, et qu'aurais-je bien pu faire pour me rapprocher de lui. Il vaut mieux que je ne parle pas de moi, ou alors uniquement par respect pour toi : j'ai fait des études de psychologie, je suis maître de conférences à l'Université, j'enseigne les statistiques, je suis marié, ma femme est médecin, médecin du sport, nous avons deux enfants, nous sommes déjà grands-parents. Nous habitons la banlieue parisienne et nous avons une maison à Minorque. Nous avons toujours été des militants engagés. Ma femme s'appelle Françoise. Son père a été exécuté sous l'occupation allemande. La Gestapo est tombée sur l'imprimerie dans laquelle il tirait *L'Humanité* et d'autres publications illégales. Nous n'en tirons aucune gloire. Je ne le dis que pour que tu sois content. Mais c'est vrai. Notre fille, Laure, a la trentaine, deux enfants, elle travaille dans un centre d'orientation pour jeunes au chômage, je crois qu'elle est heureuse. Notre fils est encore célibataire. Il est ingénieur, spécialisé dans l'énergie, il écrit sa thèse et, dans ses temps de loisirs, construit des vélos couchés, tous plus excentriques les uns que les autres. À la place du service militaire, il est parti comme coopérant au Cameroun. Il porte d'ailleurs ton nom : Rodolphe. Je voulais faire plaisir à ma mère.

Demande-lui s'il se souvient de moi. Il doit se souvenir.

– Cela fait longtemps. Il était trop jeune.

– Il ne peut pas m'avoir oublié.

– Il avait trois ans.

– Il y était. Je l'ai fait sauter sur mes genoux. À dada sur le cheval de mon papa… Cela le mettait en joie. Encore, encore. Tout le monde pouvait nous entendre.

– Des années sont passées, des dizaines d'années. Regardez-le, il a les cheveux gris.

– Regarde-moi. Je n'ai pas changé. Rien n'est passé. Il doit se souvenir.

– Il dit, le voyage en train.

– Oui, oui, le compartiment. Et ensuite ?

– Il dit, la suie. Toutes les chansons. Parce que le voyage n'en finissait pas.

– Et ensuite ! Il doit se souvenir.

Je ne sais pas quand j'en ai entendu parler. Pendant l'année 45, je pense. Ma mère l'a appris. De mon grand-père, je suppose. J'avais alors treize ans, mais je ne me souviens plus des détails. J'ai trouvé une lettre, de 1945 elle aussi, dans laquelle mon grand-père écrit encore une fois au commandant du camp, il est inquiet parce que cela fait longtemps qu'il n'a plus de nouvelles de son fils. En fait, on parlait déjà plus ou moins de libérer les prisonniers, et on lui avait promis qu'il ne serait plus question d'exécution si les Russes continuaient à avancer. Il avait donc ses chances. C'est ce qu'on avait sans doute dit à mon grand-père. Plus tard, j'en ai appris davantage. Et j'ai pensé que, s'il y avait eu plus d'hommes de son acabit, bien des choses nous auraient été épargnées. C'était mon sentiment. Mais je ne suis pas sûr que j'aurais été moi-même aussi courageux que lui. Pourtant, je me serais bien engagé dans cette voie et je m'y engagerais encore aujourd'hui. Aurais-je agi de la même façon que lui avec une famille ? J'aurais peut-être entraîné celle-ci avec moi, et le résultat aurait été le même. Ou peut-être pas. Mais d'une façon générale, je ne peux pas dire qu'il se soit fourvoyé. Jamais je n'irai lui reprocher sa détermination. Pour moi, il est un modèle.

Je me souviens du voyage en train. Ce n'est pas mon premier souvenir. Le plus ancien est lié à l'image de mon grand-père à Vienne : je suis assis sur la chaise de la cuisine, et je fourre un morceau de pain dans ma bouche. Il est dur, et je fais des efforts pour le mastiquer. Soudain, mon grand-père se tient devant moi, petit et maigre, la peau pendant au-dessus de son col boutonné. Il est en colère, il me secoue parce que j'ai mangé son pain.

Mon deuxième souvenir, c'est la bouche grande ouverte de ma mère. Elle est accroupie devant moi sur le sol et essaie de m'apprendre les jours de la semaine en allemand. Elle parle haut et distinctement, avec des mimiques exagérées. Je ne peux m'empêcher de rire.

Dans mon troisième souvenir, je rentre du jardin d'enfants en courant à la maison. Je veux faire une surprise à ma mère. J'ouvre la porte, lève le bras et lance : *Heil, Hitler !* Je vois la mince silhouette de ma mère se recroqueviller comme sous un coup de fouet.

Mon quatrième souvenir, le hurlement de la sirène avant une attaque aérienne.

Mon cinquième, un sentiment qui efface les autres : la peur.

Le sixième, le vrombissement d'une escadre de bombardiers, des détonations lointaines, le tremblement des vitres.

Le septième, je descends dans l'abri avec une petite valise noire, comme toujours. J'ai déjà atteint la porte de la cave. J'entends un énorme craquement, l'escalier s'effondre, ma mère atterrit à côté de moi dans un épais nuage de poussière.

Dans mon dixième ou onzième souvenir, je suis dans un dortoir d'hôpital. Un autre garçon, mon voisin de lit, vole les biscuits que ma mère m'a apportés. Un jour, je la vois dans l'embrasure de la porte, à l'autre bout de la salle, son béret basque rouge posé sur ses cheveux sombres, je l'appelle, je hurle, je m'agite, elle aussi pleure, tandis que deux sœurs la font sortir de force, car elle est arrivée trop tard, l'heure des visites est passée.

Un souvenir que je n'arrive pas vraiment à dater : ma mère est à genoux ou debout sur le rebord de la fenêtre, dont les battants sont grands ouverts, et elle s'apprête à se jeter dans le vide. Quelqu'un ou quelque chose la retient.

Un souvenir plus tardif, des morts dans la rue.

Encore un peu plus tard, des soldats soviétiques, ils m'offrent un morceau de chocolat.

Et puis, le dernier souvenir avant celui du voyage en train : le château Wilhelminenberg, en bordure de la forêt viennoise, dominant la ville au loin. Des murailles épaisses, des pièces au plafond élevé, des décorations en stuc, des ferrures en laiton. Une odeur de camphre. Des salles de malades. Même les couloirs sont encombrés de lits. Il y a beaucoup d'Espagnols, ils rient et chantent. L'un d'entre eux me dit de lever le bras et de serrer le poing.

Et ensuite ? Que s'est-il passé ensuite ?

– Ensuite, il y a eu le long voyage en train, dit-il.

– Cela n'est pas possible. C'était avant. Il veut sûrement parler du voyage pour aller en Allemagne. Ou à Vienne. Ou alors, de Vienne à Auschwitz, pour notre mariage.

– Le départ définitif de Vienne.

– Pour l'Espagne ? J'avais donc raison. J'étais sûr que Marga rentrerait dans son pays.

– Non, pas pour l'Espagne, pour la France. Avec cet homme. Paco.

– Son frère Paco ? Il est venu la chercher ?
– Pas Paco Ferrer. Paco Suárez.
– …
– Vous êtes jaloux ?
– Je me contente de poser des questions. Je voudrais qu'il prenne la peine de me répondre. Je veux savoir qui est ce Suárez.

Margarita et Suárez se sont connus à Vienne. À la fin de la guerre, ma sœur n'était plus que l'ombre d'elle-même. C'est pourquoi elle a été envoyée en sanatorium. Elle y a rencontré des républicains espagnols qui avaient survécu à Mauthausen et, parmi eux, Suárez. L'amour ? Plutôt le sentiment d'être abandonnée. Margarita a toujours eu besoin de quelqu'un pour la protéger. Je ne les ai revus que bien des années plus tard, elle et mon neveu Edi, et mon frère Paco, qui est resté en France après la guerre, il y a enseigné l'espagnol et le latin dans une école religieuse. Ils ne savaient pas que j'avais passé cinq ans en prison. Ce n'est qu'en 1954 que j'ai pu obtenir un passeport. Paco et Marga m'ont invitée à Paris, ils m'ont payé le voyage, je n'avais plus un sou. Comment en aurais-je eu ? En tant que Rouge, je ne trouvais pas de travail, et surtout pas comme professeur. Je donnais des leçons particulières pour moins que rien. Fernando aussi avait naturellement perdu son emploi à la banque. Il s'en sortait tant bien que mal comme représentant en bouchons. Un argent péniblement gagné. Plus tard, il a réussi à vendre des articles avec de meilleures marges, des dentelles, des épaulettes, du blanc, du matériel chirurgical. Pour cela, il devait sans cesse parcourir l'Espagne. En 1953, il a enfin trouvé un emploi fixe dans une maison d'édition spécialisée dans la musique moderne. Des partitions, etc. Et quatorze ans plus tard, il a monté la Ligue des invalides de guerre de la République.

En 1954, je suis donc allée à Paris, j'ai revu mon frère et ma sœur, et je leur ai raconté ce que j'avais vécu pendant tout ce temps. Je me souviens encore très bien que le responsable politique de la cellule du parti les avait mis en garde contre moi : Méfiez-vous d'elle, elle vient d'un pays fasciste ! Peut-être est-elle une espionne. C'étaient là les paroles d'un blanc-bec, qui n'avait jamais respiré l'air d'une prison. Mais tel était le climat à l'époque : partout, peur et méfiance.

Dès le début, Suárez ne m'a pas inspiré confiance. Pourtant, dans le fond, ce n'était pas un mauvais homme, mais il avait l'esprit tordu, il était taciturne et à moitié fou, il faut bien le dire. C'était un enfant illégitime. Sa mère était originaire de León, mais c'est à Madrid qu'il est né, à Carabanchel. Il a grandi chez un oncle, qui le battait souvent. Je crois que cette enfance et les années passées au camp l'ont marqué à vie. Il était terriblement jeune quand les Allemands l'ont attrapé et traîné à Mauthausen. Je préfère ne pas savoir tout ce qu'il a subi là-bas. D'ailleurs, il n'en a jamais touché mot. Ils lui auront lavé le cerveau, c'est clair. Il était traumatisé, aigri, mais ce n'était pas une raison pour rendre la vie dure à ma sœur et à son fils. Les injonctions tombaient à longueur de journée. L'ordre était la plus grande des vertus. Pendant des années, ils ont dû se contenter de caisses pour s'asseoir, car il tenait les chaises pour un luxe inutile, pendant des années, ils ont dû boire le café du petit déjeuner dans des boîtes de conserve. J'ai passé plus de temps que lui en prison, mais il ne me serait jamais venu à l'esprit, même dans mon sommeil, de perpétuer les misères qu'il nous fallait subir en taule. Le jour où j'en suis sortie, la première chose que j'ai faite, c'est de boire du café dans une vraie tasse.

Ils vivaient donc comme en prison. Et Marga l'acceptait sans faire de difficultés, j'en avais la main qui me démangeait, je l'aurais volontiers giflée, parce qu'elle disait toujours amen à tout. Rien qu'à la regarder, j'en avais la nausée. Je suis restée quatre jours chez eux, j'aimais bien ma sœur, mais, d'un autre côté, je savais que j'allais casser la gueule à Suárez si je ne fichais pas le camp. Peut-être était-elle heureuse avec lui, elle a toujours été comme ça, elle a toujours fui les décisions. Elle avait beau être têtue, elle le laissait faire, par paresse ou Dieu sait pourquoi. Mon pauvre neveu. Il avait treize ans à l'époque. Et ça me faisait mal de les voir le mener à la baguette. Edi, fais ceci, Edi, laisse ça, Edi, à sept heures tapantes, tu dois être à la maison ! C'était insupportable.

Vienne – Paris, ça, je m'en souviens. Un long trajet, deux ou trois jours, ou même plus, le train s'arrêtait souvent en rase campagne. Pour moi, au début, ce voyage a été un événement. Le compartiment était bondé d'Espagnols joyeux, qui chantaient des chansons populaires, des chants révolutionnaires et de la guerre civile. Mais, peu à peu, l'euphorie a cédé la place à l'épuisement. Je croyais que nous n'arriverions jamais. Nous avions le visage noirci par la suie de la locomotive.

C'était à l'automne 1945.

Les autorités françaises nous ont logés dans une vieille maison délabrée, à Montrouge, dans la banlieue sud de Paris. On nous a attribué une petite pièce pour nous trois. Elle était meublée d'un grand lit. Il devait bien y en avoir un deuxième, pour moi, mais je ne me souviens que de ce grand lit, dans cette petite pièce. Il y avait aussi une cuisine, plusieurs cuisines. Je me souviens que les hommes partaient à la recherche d'un travail. Petit à petit, ils ont tous trouvé quelque chose. Je me souviens que les femmes épluchaient les pommes de terre ensemble. Les enfants étaient presque tous plus âgés que moi. Mon beau-père, Paco, m'a raconté que nous ne nous comprenions pas, parce que je ne savais que l'allemand. Qu'un jour je pleurais, et qu'il m'avait demandé pourquoi je riais, car il ne connaissait pas le mot « pleurer » en allemand, et qu'à chaque fois qu'il réitérait sa question je m'énervais encore plus et hurlais de plus belle. Je n'en ai pas le souvenir. Je sais seulement que j'ai appris très vite l'espagnol à Montrouge. Et que je suis devenu énurétique. Que, pour me punir, Paco me forçait à rester pendant des heures les bras levés. Je n'osais pas les baisser, même quand il n'était pas dans la pièce. Cela aussi, je m'en souviens.

Au bout de quelque temps, nous avons déménagé à Cachan, non loin de Montrouge. Le propriétaire d'un pavillon a dû libérer deux chambres au rez-de-chaussée pour nous. La maison était située dans un parc à l'abandon, planté de vieux arbres magnifiques, des tilleuls et des marronniers, il y avait aussi du lilas et des roses. Nous avons vécu à Cachan jusqu'au milieu des années 50.

Paco était ouvrier métallurgiste. Son entreprise se trouvait dans le nord de Paris. Il avait donc un long trajet pour se rendre à son travail, il devait traverser toute la ville et faire plusieurs changements. Cela lui prenait à chaque fois deux heures. Je ne le voyais jamais avant huit heures du soir. Ma mère a travaillé, elle aussi, toute sa vie. Elle a peint des enseignes lumineuses avec de la poudre d'or et des peintures toxiques. Elle a également travaillé dans une tannerie et dans une teinturerie. Chez Flaminaire, elle a rempli des briquets à gaz. Pour finir, elle a gagné sa vie en faisant des ménages.

Le soir, ils s'absentaient souvent tous les deux pour se rendre à des réunions, des sessions de formation ou des conférences du parti, et je restais seul à la maison. À Cachan, il y avait beaucoup de rats. Je les craignais et, quand la peur m'empêchait de m'endormir, je commençais à chanter les berceuses de ma mère. Je les préférais aux chants des partisans que Paco avait recopiés bien soigneusement dans un cahier.

À cinq ans, j'ai fait mon entrée à l'école maternelle. J'ai été forcé d'apprendre le français. Un an plus tard, j'avais probablement encore un accent, et j'employais de temps en temps un mot allemand. En tout cas, je me suis fait rosser plus d'une fois à l'école. Boche, me disaient les enfants. Sale Boche.

Cachan était un quartier pauvre. Chaque élève à l'école possédait néanmoins quelques crayons de couleur et un stylo à plume, tandis que moi, je devais me contenter d'un crayon à papier. Lorsque, un jour, je l'ai perdu, je n'ai plus rien eu pour écrire, car ma mère ne pouvait pas m'en acheter un autre tout de suite. En guise de punition, j'ai dû rester au coin. Mais, d'une façon générale, j'ai à peine remarqué de différence entre moi et mes camarades de classe. Ce qui a changé lorsque je suis entré au lycée Montaigne, un lycée d'élite, dans le centre de Paris, où la bourgeoisie envoyait ses enfants. Je m'y suis senti assez perdu. Mes parents m'y avaient inscrit parce que l'instituteur le leur avait conseillé, disant que j'étais sérieux et très doué, et qu'ils devaient essayer. J'ai réussi l'examen d'entrée. L'école jouissait à l'époque d'une très bonne réputation. À onze ans, j'ai compris que les hommes n'étaient pas tous égaux. Premièrement, mes nouveaux camarades de classe étaient mieux habillés que moi. Deuxièmement, ils parlaient de choses qui m'étaient inconnues, des croisières, des stations balnéaires, des employées de maison. Troisièmement, ils pouvaient s'offrir des manuels scolaires, des classeurs, des stylos, des compas. Moi, par contre, je n'ai jamais eu de dictionnaire de latin. C'était beaucoup trop cher, et j'ai toujours emprunté les dictionnaires de mes camarades. D'une façon générale, j'achetais le moins de livres possible. J'économisais aussi le papier. C'est une habitude que j'ai gardée encore aujourd'hui ; cela me répugne encore d'utiliser des feuilles vierges. Je prends toujours du papier déjà noirci des deux côtés. Je n'ai jamais souffert de ces privations, au contraire, elles m'ont endurci.

Cependant, vers dix-sept, dix-huit ans, le fait de ne pas avoir de patrie m'a gêné. Je ne me sentais pas espagnol, car le bruit et les réunions festives n'étaient pas de mon goût. J'étais trop discret, trop réservé pour cela. Et j'avais pas mal de répugnance pour tout ce qui était français. J'ai quand même vu de quelle façon mesquine les gens se comportaient ici envers les étrangers ! Même envers les Espagnols, du moins au début. Ils sont trop paresseux pour apprendre la langue, disaient-ils. Dix ans après son arrivée, ma mère devait encore se laisser humilier chez le boulanger du coin lorsqu'elle voulait acheter une baguette. Les vendeuses faisaient semblant de ne pas comprendre. Nous n'étions pas intégrés. Nous n'avions pas d'amis français. Pas un seul. J'ai si souvent entendu que nous devions débarrasser le plancher, que nous ne faisions que vivre aux crochets des autres. J'ai aussi vu comment les gens d'ici traitaient ceux des colonies. C'est pourquoi je n'ai jamais été fier d'être français. Je me suis dit, bon, très bien, je n'ai pas de pays, mais j'ai quand même une patrie, celle de mon père : l'Autriche. Je suis donc allé au consulat, à dix-huit ans, pour obtenir un passeport. Impossible, m'ont-ils dit. Je leur ai alors présenté deux douzaines de documents, et ils ont bien été obligés de m'accorder la nationalité autrichienne. À vingt et un ans, je suis tout de même devenu français. J'ai pu prouver que je vivais depuis plus de dix ans en France. Mais cela ne m'a pas fait plus plaisir que ça.

Les Espagnols sont très probablement restés entre eux dans leur majorité. Ils vivaient comme en exil. Ils étaient persuadés que Franco ne tiendrait pas longtemps, et ils comptaient rentrer dans leur pays. À la Saint-Sylvestre, on portait un toast : L'année prochaine en Espagne ! L'espoir s'est maintenu jusqu'au milieu des années 50. Puis, un jour, on n'en a plus parlé.

C'était quand même bien de la revoir. Nous avons beaucoup ri, Marga et moi, tout en nous racontant mutuellement les moments tristes de notre vie. Elle m'a à peine parlé de Rudi. Parce que l'autre était toujours là. Paco, Paco Suárez. Il y a eu juste une exception : il s'était rendu à une réunion du parti. Elle a été chercher un classeur qui contenait les photos et les lettres de Rudi, que j'ai pu enfin lire. Margarita m'a encore parlé de Rudi lorsque nous faisions les courses, mais peu, très peu, car la plupart du temps nous n'étions pas seules. Ou bien nous avions Edi avec nous, ou bien ce pantouflard de Suárez, qui n'ouvrait jamais la bouche.

J'avais neuf ans lorsque ma mère m'a parlé pour la première fois de mon père. C'était chez nous, en présence de mon beau-père. J'ai retenu peu de choses – que Rudi était commissaire de l'organe permanent du PC dans les Brigades internationales, qu'il a ensuite été déporté à Auschwitz et qu'il y a fait de la résistance. Ma mère me l'a présenté comme quelqu'un ayant une forte personnalité, un homme aux qualités extraordinaires. Particulièrement sympathique, riant toujours et ne perdant jamais son humour, même dans les situations difficiles. Il avait très bon caractère, a dit ma mère. Elle a affirmé que je lui ressemblais comme deux gouttes d'eau. Elle m'a aussi montré le poème qu'il avait composé pour moi. Je devais soutenir ma mère, ne lui faire aucune peine, être un homme, suivre sa voie, lutter pour le progrès. Que pouvais-je bien faire de toutes ces recommandations ? Personne ne m'a jamais appris à marcher dans les traces d'un héros.

Et ensuite !

– Vous le tourmentez.

– Ce n'est pas moi qui le tourmente. C'est lui seul qui se tourmente.

– Qu'est-ce que vous lui voulez encore ? Vous savez presque tout.

– Je ne sais rien. Il doit raconter.

– Pourquoi ? C'est du passé.

– Rien n'est passé. Il faut qu'il m'aide en continuant à parler. Je veux savoir si elle m'a oublié.

– Vous avez été son grand amour, dit-il. C'est justement pourquoi elle parlait rarement de vous. Il aurait été gêné de lui demander de le faire plus souvent. Il ne voulait pas lui faire de peine.

– À cause de l'autre ? Parce qu'elle était malheureuse avec lui ?

– À cause de Suárez, oui.

Marga et Suárez n'allaient pas du tout ensemble. Je ne comprends pas pourquoi elle ne l'a pas envoyé paître. Elle était persuadée qu'elle ne s'en sortirait pas seule. Comment puis-je nous tirer d'affaire, mon enfant et moi. C'est simple, en faisant ce que tu as toujours fait jusqu'à présent. En travaillant. Ne trimais-tu pas déjà comme une brute, huit à neuf heures par jour ? Bon, alors. Continue à trimer, tout en étant là pour l'enfant. Personne n'a rien à dire. Tu es indépendante. Tu t'en tires merveilleusement bien. Mais elle avait visiblement besoin d'un type à ses côtés. Pour ça, elle était la réplique de sa mère, sans homme dans la maison, c'était la fin du monde. Pour moi, cela n'a jamais été un problème. Mais elle : L'enfant a besoin d'un père. J'ai compris ce qui allait se passer.

En fin de compte, c'est ma faute s'ils se sont mariés. J'étais contre cette liaison. Mais, à tout prendre, je préfère les situations claires. Et, comme j'ai compris qu'elle n'avait qu'une envie, celle de l'épouser, j'ai secoué les puces à ce Suárez. Je lui ai dit, je te donne deux ans. Si, dans cet intervalle, tu ne l'as pas épousée, je reviendrai et je te mettrai à la porte, et, si tu résistes, j'irai chercher mon frère. Deux jours plus tard, je suis partie. Et il l'a épousée rapidement. Elle n'aurait jamais osé le lui demander. Puis elle m'a envoyé la photo de mariage. À sa place, je l'aurais flanqué à la porte. Mais elle était convaincue qu'il fallait un homme à la maison, pour asseoir son autorité. Une femme seule n'arrive pas à s'imposer. Quelle absurdité ! Il l'a exploitée. Je n'ai vraiment pas compris pourquoi elle a fait ça.

Plus tard, alors qu'elle était déjà malade, il s'est beaucoup occupé d'elle. Il faut lui rendre cette justice. Il l'a soignée avec une abnégation totale. Cela, il en a été capable. Mais, sinon…

De par sa nature, ma mère était typiquement espagnole : très démonstrative, dramatique, tragique. Elle pleurait souvent. Elle m'a inculqué un sentiment de culpabilité.

Au début des années 50, elle a manifesté tous les symptômes d'une grossesse ; elle n'était pas enceinte, mais elle se sentait mal, prenait du poids, était prise d'une fringale soudaine de cornichons ou d'œufs durs. Pourtant, elle ne pouvait pas attendre d'enfant de Paco. Mon beau-père était stérile. Il avait la migraine pendant des journées entières, souffrait de dépression, peut-être une conséquence de Mauthausen. Il était très apprécié de ses collègues, avec les autres, il savait être aimable et prévenant. Mais, à la maison, il lui arrivait souvent de ne pas échanger un seul mot avec nous pendant toute une semaine. Une fois, il m'a donné une gifle. Ma joue est resté enflée pendant plusieurs jours. Alors que j'étais déjà adulte, ma mère m'a demandé si elle ne devrait pas divorcer. Je l'en ai dissuadée. C'était une erreur. Mais j'ai eu pitié de Paco. Il était hanté par l'histoire de son père, qui avait quitté femme et enfant pour émigrer en France, où, seul et sans argent, il avait misérablement terminé sa vie dans une cave. Paco avait peur de subir le même sort. C'est pourquoi j'étais contre une séparation. De plus, la sœur de ma mère, Marina, qui nous avait rendu visite un jour, m'avait fait peur. Elle était survoltée, croyait toujours savoir tout mieux que personne, s'en prenait à tous les hommes. Alors, Paco m'est apparu comme un moindre mal.

Je ne l'ai jamais vu frapper l'enfant. Sur ce plan-là, Suárez était correct. Mais peut-être vaut-il mieux pour un enfant recevoir une claque de temps en temps et être ensuite câliné et embrassé que d'être continuellement confronté à cette attitude distante. Avec Suárez, toute liberté était exclue. Il y avait un emploi du temps fixe, qui ne devait être bouleversé sous aucun prétexte. À Cullera, par exemple, où ils ont eu plus tard un appartement pour les vacances, on devait aller se promener à cinq heures tapantes, en plein mois d'août, au bord de la Méditerranée, par une chaleur torride. À sept heures, on devait être rentré à la maison. À huit heures trente, le dîner devait être prêt, et, à dix heures, tout le monde devait être au lit. Ou bien, pour donner un autre exemple, une fois, nous avons passé les vacances ensemble sur le terrain de camping de Hendaye, au Pays basque. Un jour, ma sœur et moi, nous avons passé la frontière pour aller jusqu'à Saint-Sébastien. Nous avons mangé quelques crevettes sur le port. Sans lui demander la permission ! Il a réagi à sa façon : il ne nous a plus adressé la parole. Ni jeté un seul regard. Et il a fait souffrir ma sœur pendant un mois entier. Il avait de la chance de ne pas être marié avec moi. Je lui aurais rendu la monnaie de sa pièce. Je lui aurais dit, si tu crois m'impressionner comme ça. Et je me serais tue à mon tour. Et puis j'aurais moi-même transporté son lit dans le débarras, et je lui aurais dit : Tiens, tu seras bien, là, pour dormir !

À quatorze ans, j'ai attrapé la tuberculose. Les médecins étaient perplexes ; ils ne s'expliquaient pas comment la maladie avait pu apparaître. Il me semble évident aujourd'hui qu'il s'agissait d'une rébellion contre le monde de mes parents qui m'avait étouffé. Mais je ne me suis jamais opposé ouvertement à eux. Leurs idéaux politiques sont devenus les miens. J'ai toujours pensé qu'il fallait continuer le combat, même si, pour finir, on se retrouve seul, et parfois les mains vides.

Peut-être avais-je déjà quelque chose aux poumons avant. Car, à huit ans, dans le cadre d'une action caritative organisée pour quatre-vingts enfants de réfugiés espagnols, j'étais allé passer un été en Norvège. Ma famille d'accueil, les Land, habitait une ferme à la lisière d'une forêt, loin de toute habitation. Il y avait du lait, du beurre, de la viande à profusion. J'avais le droit de mener les vaches au pâturage et de me baigner dans un lac. Non loin de là, il y avait un tremplin. Et, en pleine forêt, une cabane, dans laquelle Mme Land filait la laine. J'ai appris quelques phrases de norvégien et aussi à monter à bicyclette sur un de ces grands engins lourds. Un jour, je leur ai causé une grosse frayeur parce que je n'étais pas rentré à l'heure du dîner, et ils sont partis à ma recherche avec un attelage de chevaux. Ce fut un merveilleux conte de fées, cet été si chaud que j'ai passé là-bas. Les Land, dont les enfants étaient déjà adultes, m'auraient volontiers adopté. Ils ont continué à nous écrire au moins pendant deux ans. Mes parents ne leur ont sûrement répondu qu'une seule fois, et c'est ainsi que le contact a été coupé.

Je crois que c'était à cause de mon beau-père. Paco était un homme qui se liait facilement, mais qui rompait aussi vite. Je me souviens que nous nous sommes sentis de plus en plus isolés, car, petit à petit, il s'est fâché avec tous ses amis. Ma mère en a souffert, il lui a même interdit de voir ses amis à Paris. De rendre les visites, répondre aux lettres, donner signe de vie. Je suis malheureusement devenu comme lui.

Dans la boîte de mon grand-père, j'ai trouvé un paquet de lettres ainsi que des doubles au carbone qui ont fait plusieurs fois le trajet entre Vienne et Paris. Les lettres portent encore le cachet de la censure des Alliés. Mon grand-père voulait manifestement prendre mon demi-frère en tutelle, mais sa belle-fille pensait que ce n'était pas nécessaire. Au début, elle écrit encore en allemand, et Edouard griffonne quelques phrases au bas de la lettre. Puis la relation s'interrompt manifestement pendant des années, car, un jour, le grand-père se plaint d'avoir écrit tous les deux mois et de n'avoir jamais reçu de réponse.

Les lettres ultérieures de la deuxième femme de mon père, ainsi que celles de mon demi-frère, postées de Paris, sont déjà rédigées en espagnol. Mon grand-père avait un ami, marié à une Espagnole, qui lui traduisait les lettres. Dans cet échange de courrier, il était question d'un séjour de convalescence à Zakopane pour mon demi-frère, mon grand-père en avait fait la demande auprès du *KZ-Verband*. Je ne sais pas si ce séjour a eu lieu. La première fois, la demande avait été faite trop tard. L'année suivante, sa mère n'a pas obtenu de congé au bon moment. Et la troisième fois, Edouard préparait le baccalauréat. Tant de lettres, tant de mal, tant d'attentions pour rien. Un jour, la deuxième femme de mon père manifeste son chagrin de voir que Edi ne veut plus parler allemand, parce que les petits Français le traitent de nazi, dans une autre lettre, elle annonce avec fierté qu'il est bon élève, dans une autre encore, elle avoue avec honte qu'elle a pris beaucoup de poids, et, quelque temps plus tard, elle confesse qu'elle a l'intention de se remarier. Mon grand-père ne s'y oppose pas, au contraire, il l'encourage même. De part et d'autre, la correspondance est tout à fait cordiale. Un beau jour, elle s'interrompt définitivement.

À dix-huit ou dix-neuf ans, je suis retourné à Vienne. À l'époque, je parcourais l'Europe, et j'ai profité de l'occasion pour rendre visite à mon grand-père. Il avait écrit qu'il était malade, qu'il allait bientôt mourir, et qu'il voulait me revoir encore une dernière fois. Vienne m'est apparue comme une ville très bourgeoise, remplie de monuments cachés derrière d'élégantes façades. Un peu comme Genève. Je m'étais imaginé la ville plus belle, plus vivante. Je me souviens d'un parc où jouait un orchestre que j'ai écouté pendant un moment. Les restaurants n'étaient pas chers, je pouvais me permettre d'y entrer, mais partout on mangeait la même chose : des *Schnitzel.*

Sur une photo qu'il nous avait envoyée peu après la guerre, mon grand-père était très corpulent. Lorsque je lui ai rendu visite à Vienne, il était à nouveau aussi mince que dans mon souvenir. Il portait les costumes de sa jeunesse. Nous avons à peine pu communiquer, car j'avais oublié l'allemand depuis longtemps. Il me semble qu'il avait un emploi dans l'administration de la ville, qu'il était conseiller municipal ou quelque chose comme ça. Sa femme m'a tiré les cartes. Elle m'a prédit que j'aurais deux femmes, une blonde et une brune.

Je n'ai pas vu le frère de mon père. Ni personne d'autre de la famille. Cela ne m'intéressait d'ailleurs pas outre mesure, car ma mère m'avait raconté qu'elle avait été mal accueillie par les proches de Rudi. Je ne crois pas avoir dormi chez mon grand-père. Peut-être ne suis-je resté en fait qu'un seul jour à Vienne.

Ma mère n'a jamais fait la connaissance de la deuxième femme de mon père. Moi, si, je l'ai vue une fois chez mon grand-père, très brièvement, après la guerre. J'ai aussi vu mon demi-frère. Quand, je ne sais pas. Je ne sais même pas quand il est né. Je n'ai absolument aucun souvenir de lui. Je crois que sa mère était pleine de taches de rousseur, mais je n'en suis pas sûr. Il me semble. Mais, au fond, je ne sais pas.

C'est également à la fin des années 50 que je suis allé pour la première fois en Espagne, avec ma mère. Je pensais que, pour elle aussi, c'était le premier voyage depuis sa fuite. Je ne devais apprendre qu'à ses obsèques qu'elle avait déjà repassé la frontière clandestinement avec du matériel de propagande contre le régime de Franco. Elle n'était donc pas aussi peureuse qu'elle en avait l'air.

Dans mon souvenir, le séjour à Madrid n'a été qu'une fête sans fin. J'ai fait la connaissance de mes cousins. Ils étaient gais, ouverts, insouciants ; l'appartement était plein de gens, assis ou debout, qui discutaient avec chaleur. D'ailleurs, le quartier Lavapiés, où ma tante habitait à l'époque, respirait la joie de vivre, les ruelles étaient remplies jusque tard dans la nuit de gens qui criaient, riaient, chantaient, frappaient dans les mains, se bousculaient. Quand ils voulaient se parler, ils s'arrêtaient. C'est une chose qui m'a frappé, que les Espagnols restent sur place pour bavarder. Comme les coqs ferment les yeux quand ils chantent.

Lorsque mon fils et celui de Margarita ont eu dix-huit ans, nous sommes allés à Minorque. À Séville, un cousin nous a mis en garde : il nous a dit, dès que vos parents de Mahón vont vous voir arriver, ils vont se barricader chez eux. Car ils avaient beaucoup d'argent, mais étaient très radins. Avares même. Notre grand-père, le pharmacien, avait déjà rendu son âme à Dieu. Un homme important dans l'île, après sa mort, on lui a accordé une haute distinction, celle de « Alfonso X El Sabio ». Il l'avait peut-être méritée. Mais, humainement parlant, c'était une catastrophe. Arrogant, irascible et violent. Il fouettait ses enfants. Je me souviens que, de colère, il avait projeté contre un arbre un de mes cousins, qui n'avait que trois ans. J'en avais quatorze à l'époque. Espèce de brute ! lui ai-je dit. Depuis ce moment-là, nous ne nous sommes plus adressé la parole. Le reste de la smala pouvait aussi aller se faire pendre. Lorsque je me suis planquée chez eux avec Julián, après mon retour en Espagne, ils nous ont accueillis, c'est vrai, mais ils ont inscrit très soigneusement les dépenses d'entretien et de nourriture, et les ont déduites des trente mille pesetas, qui m'étaient revenues en héritage. Et ils ont envoyé le reste de l'argent à Fernando, naturellement, bien que je fusse l'héritière, les femmes ne comptaient pas pour eux.

Marga a dit, ce qui est passé est passé, et qu'est-ce que leurs enfants y peuvent. Elle était comme ça, ma sœur. Toujours soucieuse de bonne entente. Julián pense qu'elle était très jolie et souriait tout le temps. Moi aussi, j'étais jolie. Mais j'ai été féministe toute ma vie, et il ne me serait jamais venu à l'esprit d'accrocher des pendeloques à mes oreilles. À douze ans, j'ai balancé sur la table tous les bijoux de ma mère – les bagues, les bracelets, les colliers – et j'ai dit, je n'en veux plus, je ne suis pas une vache que l'on pare pour être vendue à bon prix sur le marché aux bestiaux.

Nous avons été bien accueillis à Minorque. L'île m'a tout de suite plu. Avec l'héritage de ma mère, nous nous sommes acheté un terrain, des dizaines d'années plus tard, et, au début des années 80, nous avons fait construire une maison. Depuis, je rends visite à mes cousins une fois par an. Ils sont très discrets et peu bavards. Je ne sais pas si cela est le cas de tous les gens de Minorque, mais je crois que c'est tout de même typique des insulaires. Ils parlent peu. Des gens agréables, mais réservés. Mon oncle et ma tante n'y sont pour rien si leurs parents, autrefois, ont laissé ma mère en plan. C'est pourquoi je n'aborde jamais le sujet.

Mon grand-père est mort au début des années 60. Après la guerre, il a été, pendant quelques mois, conseiller municipal du quartier de Favoriten. Puis il a travaillé à Feichtenbach comme intendant d'un préventorium pour enfants de la ville de Vienne. En 1950, il a pris sa retraite. Et, jusqu'à sa mort, il a touché une petite pension.

Je leur rendais parfois visite, à lui et sa femme. Reviens nous voir bientôt, disaient-ils chaque fois que je les quittais. Mais je n'y allais que rarement. Parce que je sentais que cela blessait ma mère. Bien qu'elle ne m'en ait jamais empêché, au contraire, elle disait : Si tu veux, vas-y, passe chez eux. Elle avait encore un ou deux prétendants, rien de sérieux, du moins de son côté. J'ai le sentiment qu'elle ne voulait pas se remarier à cause de moi. Elle a toujours été là pour moi, jusqu'à sa mort, en 1986. Si mon père a été son grand amour ? Je le crois. Mais il a été surtout sa grande déception.

En mai 68, sous de Gaulle, le centre de Paris était en ébullition. Pour la première fois, les gens s'arrêtaient dans les rues, discutaient, défendaient haut et fort leurs opinions, pour en changer ensuite au cours des débats. Des manifestations ont éclaté, les autorités se sont senties menacées. Pourtant, cette révolte n'était qu'un jeu, cela m'a bientôt sauté aux yeux. En effet, j'avais vu la police se garder d'intervenir lorsque les manifestants avaient construit des barricades, cinq ou six au cours d'une nuit, le 8 ou 10 mai. Dans ma vie, j'ai participé à beaucoup de mouvements de protestation, contre la guerre d'Algérie, par exemple, où une seule manifestation avait fait treize morts, je sais donc que la police, quand elle prend les choses au sérieux, peut évacuer chaque place et chaque rue en un tour de main. Je me suis demandé pourquoi les CRS se laissaient bombarder de pierres, pourquoi ils n'utilisaient que les gaz lacrymogènes et les lances à incendie, hésitaient si longtemps, agissaient presque avec douceur. On m'a répondu que les étudiants en révolte étaient des enfants issus de la bourgeoisie, que la police ne voulait pas les matraquer, ce qu'elle n'a pas fait, d'ailleurs. Mais c'était un beau spectacle.

J'étais de la partie. Et je me suis fait traiter de dissident et d'aventurier ultra-gauchiste. Je me suis défendu, un communiste doit toujours être du côté des masses.

La révolution culturelle a été un phénomène intéressant. Surtout le changement de mentalité. Dans les universités, les professeurs ont perdu un peu de leur pouvoir absolu. Autrefois, à la Sorbonne, les étudiants devaient se lever quand un professeur pénétrait dans l'amphithéâtre, quelques-uns allaient jusqu'à applaudir, nous n'avions le droit de nous asseoir qu'après que les professeurs nous en avaient donné l'autorisation. Il n'était pas non plus permis d'adresser la parole à un professeur sans y avoir été invité. Je me souviens qu'un jour j'étais au pissoir, quand un professeur est entré. Il a uriné à côté de moi, et j'ai commis le crime de lui parler. Il était hors de lui. Quel toupet vous avez ! Qui croyez-vous donc être ! On n'adresse pas la parole à un professeur dans les toilettes.

Les usages se sont un peu assouplis après les combats de rue, c'était un progrès. Le féminisme aussi gagnait du terrain. Mais une révolution n'était pas en vue. Tout cela était très romantique et rappelait les soulèvements sociaux du XIXe siècle, avec pavés, drapeaux rouges et les sept strophes de *L'Internationale*. Mais c'était aussi dangereux. Je crois que si le parti communiste ne s'était pas tenu à l'écart, que s'il s'était joint au mouvement ou avait pris le pouvoir, cela se serait terminé dans un bain de sang.

Pour ma mère, 1968 a été l'année de la grande désillusion. Elle était persuadée qu'un changement radical était imminent. Tout comme mon oncle, qui est mort peu après. Ils ne comprenaient pas la réserve du PC français. Qu'il ne sût pas profiter de l'occasion. Cette opinion était largement répandue chez les Espagnols. Un jeune réfugié nous a honnis parce que nous n'avions pas joué de rôle prépondérant pendant les événements de mai. À mon avis, c'était un trotskiste.

Je n'ai jamais rien eu à voir avec les communistes. Après la guerre, j'ai bien fait partie, pendant une brève période, de la Jeunesse autrichienne libre, mais c'était surtout pour les filles. Comme ma mère, j'étais social-démocrate. Je le suis toujours. On l'a bien vu finalement avec les pays de l'Est, le communisme n'était pas la bonne voie, pour ne pas dire plus.

Je pense rarement à mon père. Plus maintenant qu'autrefois, c'est l'âge qui veut ça. Lors des grands événements politiques, tels que la crise hongroise, le Printemps de Prague ou la chute de l'Union soviétique, il a toujours été présent à mon esprit. Je me suis demandé chaque fois : Qu'en pense-t-il. Comment aurait-il réagi. Est-il amer.

Mes parents ont été heureux, après la mort de Franco, de pouvoir retourner en Espagne. Au début de mes études, ils ont espéré que, comme tant d'enfants d'émigrés, je m'établirais dans le pays de leurs ancêtres. Mais, lorsqu'ils ont vu que j'épousais une Française et que je restais à Paris, ils ont abandonné l'idée de rentrer pour toujours en Espagne. Bien sûr, elle a toujours été leur unique destination de vacances, et, quand ils ont eu assez d'argent, ils se sont acheté un appartement à Cullera, une station balnéaire proche de Valence. Ils participaient aux activités de la section locale du parti, allaient aux réunions et achetaient le journal. Mais leurs efforts n'ont pas été récompensés. C'était triste pour moi de voir ma mère perdre toutes ses illusions vers la fin de sa vie et être obligée de reconnaître que les Espagnols se réjouissaient d'avoir retrouvé la liberté, mais ne voulaient plus rien savoir de la politique. Le pire a été qu'après ses illusions elle a aussi perdu ses souvenirs.

Contre la maladie de Creutzfeldt-Jakob, il n'y a rien à faire. Autrefois, on disait qu'elle était provoquée par un virus, maintenant on sait que ce sont les prions qui en sont responsables. Les protéides provoquent la dégénérescence du cerveau et des troubles de la motricité. Les premiers symptômes sont la perte du sommeil et de la mémoire, puis c'est la personnalité même qui est atteinte.

Cette maladie est imprévisible. Elle touche en moyenne, d'après les médecins, une personne sur deux millions. Ma mère a été l'un de ces cas.

En août 1987, son état a soudain tellement empiré à Cullera qu'elle a dû être rapatriée par avion. Elle ne réagissait plus à rien, elle était absente, fixait le vide. Mon beau-père était désespéré. Il ne supportait pas cette absence totale de réaction.

J'ai remarqué pour la première fois que Margarita était malade, ici, à Madrid. Je venais d'être opérée de la cataracte, et elle est venue de Paris pour m'aider. Elle m'a tout de suite paru bizarre, mais je ne voyais pas bien sans lunettes. Le premier jour, elle est allée faire les courses avec Fernando. Au retour, elle a dû faire une sieste. Elle était complètement épuisée. Et ensuite, il lui a fallu trois heures pour cuire un poisson qui demandait dix minutes de préparation. Elle confondait les couverts, voulait manger sa soupe avec une fourchette. Elle était continuellement fatiguée. À peine était-elle assise quelque part que ses yeux se fermaient malgré elle. Nous ne nous sommes pas disputées. Mais, avant son départ, elle m'a dit, je n'oublierai jamais ce que tu m'as lancé autrefois. Que j'ai notre mère sur la conscience.

Marga est enterrée au cimetière de Créteil. Sur la pierre tombale, on peut lire :

Margarita Ferrer
1916-1987

La tombe est recouverte d'une dalle de marbre sur laquelle est posé un livre ouvert, en pierre. Sur la page de gauche sont gravés une rose et cinq caractères : MARGA. Celle de droite porte l'inscription :

Jamás
Te olvidaré
Paco

« Je ne t'oublierai jamais. » Il lui a survécu tout juste cinq ans.

Après ! Je veux tout savoir.

– C'est tout.

– Elle n'a plus parlé de moi ?

– Elle n'a plus parlé de personne.

– Elle m'a donc bien oublié.

– Il dit qu'elle s'est sentie coupable toute sa vie. Envers vous. C'est cela que vous voulez entendre, non ?

– Coupable, comment ça coupable ?

– Parce que autrefois, vers la fin de la guerre civile, vous avez envisagé la possibilité d'émigrer au Mexique. Elle était contre, parce qu'elle ne voulait pas abandonner sa mère. C'est pour cela que vous êtes resté. C'est comme cela, a-t-elle dit, que tout est arrivé. Et encore une chose : Edi dit que Suárez voulait absolument l'adopter. Elle n'a jamais accepté.

– À cause de moi ?
– Oui, c'était son souhait de le voir porter votre nom.

Je me suis marié jeune, à vingt ans. L'enfant était déjà en route, un petit garçon. Nous l'avons appelé Rudolf, comme mon père. Pourquoi, ça je peux difficilement l'expliquer. Un mouvement impulsif. Ni lui ni mon beau-fils, que ma deuxième femme a eu d'un premier mariage, ne se sont jamais intéressés à l'univers de leurs grands-pères respectifs. C'est peut-être ma faute. Je ne voulais pas les pousser dans une direction donnée. Je pensais qu'un jour les enfants comprendraient d'eux-mêmes ce qui importe dans la vie.

Il y a quelques années, j'étais à un congrès de psychologues. Sur la liste des participants se trouvait un deuxième Friemel. Au même moment, j'ai réservé les tickets pour le ferry à destination de Minorque. L'agence de voyages me les a envoyés sous un autre prénom, celui de l'autre, là-bas, au congrès. Je crois que c'était un homme de mon âge. Je n'ai pas demandé qu'on me montre qui c'était, je ne suis pas allé vers lui, je ne lui ai pas parlé.

Je ne voudrais pas dire que j'ai tiré un trait sur l'histoire de ma famille. Je ne m'en suis peu soucié que parce que j'avais toujours le sentiment que ma mère n'y tenait pas, même si elle ne l'a jamais dit ouvertement. Je ne me suis pas donné de mal. Et, avec la mort de mon grand-père, de toute façon, toute relation a été rompue. Aujourd'hui se poserait aussi le problème de la langue. Je ne pourrais pas communiquer avec mon demi-frère. Pourtant, j'aimerais bien faire sa connaissance. Le cœur battant.

Je me suis souvent demandé pourquoi je ne voulais rien savoir sur Rudi, sa jeunesse à Vienne, ma famille en

Autriche, rien non plus sur les Espagnols de Mauthausen ni sur les amis de mes parents à Paris. Je n'ai de contact avec aucun d'entre eux. Peut-être est-ce ma façon de me protéger. Je porte une cicatrice qui ne doit pas se rouvrir.

6

La chemise

Le matin du 30 décembre 1944, le commandant du camp a reçu la dépêche de Himmler prononçant la peine capitale. Dans le courant de la matinée, les cinq gibets ont été dressés pour la troisième fois.

– À seize heures, c'était le retour au camp, puis le rassemblement pour l'appel : nous devions nous mettre en rangs par cinq devant les baraquements, puis nous recevions l'ordre de rompre les rangs et d'aller prendre notre repas du soir. Mais, ce soir-là, nous avons attendu en vain l'ordre de rompre après l'appel. Nous, c'est-à-dire, les quinze mille détenus du camp pour hommes.

– Comme toujours, le médecin a vérifié si les condamnés étaient en état de supporter l'agitation qui allait s'emparer d'eux, et comme toujours il est arrivé à une conclusion positive.

– Étaient également présents les SS, qui ne se privaient jamais d'un tel spectacle.

– Puis on a traîné les cinq hommes hors du cachot du baraquement 11. Ils portaient juste une chemise et un pantalon, et ils étaient pieds nus, en dépit du froid.

– Les malheureux ont marché la tête haute, bien que blancs comme des linges, jusqu'à la place où se faisait l'appel, elle était éclairée par des projecteurs.

– Pendant tout le chemin, ils ont lancé des slogans politiques. Ils avaient beau recevoir sans arrêt des coups, ils ne se sont pas arrêtés pour autant.

– Chacun d'entre eux a été placé devant un gibet. Derrière se dressait l'arbre de Noël, un gigantesque épicéa, qui dominait tout de sa hauteur. Les bougies électriques étaient allumées. Le chef du camp a lu l'ordre venu de Berlin : les Polonais Piotr Pionty et Bernard Chwierczyna, ainsi que les Allemands du Reich Ernst Burger, Rudolf Friemel et Ludwig Vesely, tous cinq détenus au quartier de haute sécurité, sont condamnés à mort par pendaison pour tentative de fuite, activité subversive et contact avec les partisans. La sentence est à appliquer immédiatement.

– Avant même que le chef du camp ait eu le temps de donner le signal de l'exécution, Pionty et Chwierczyna se sont dressés et ont crié si fort que l'on a pu les entendre jusque dans le coin le plus reculé de la vaste place : Vive la Pologne ! Vive la liberté ! Les bourreaux nazis se sont jetés sur eux, les ont traînés jusqu'à la potence, n'hésitant pas à les frapper à coups de poing et de crosse.

– Je devais être à peu près à trois pas des condamnés. J'ai vu les SS devenir littéralement fous de rage. Boger et Kaduk ont maltraité les malheureuses victimes. Ils leur donnaient des gifles, des coups de pied.

– Moi, je me trouvais assez loin à l'arrière. Je n'ai pas bien entendu. Mais je crois avoir vu l'un d'entre eux se ruer sur le SS qui était devant lui, se passer lui-même la corde au cou et se lancer dans le vide.

– À ce moment-là, Ernst Burger a crié : À bas le fascisme ! Vive une Autriche libre et indépendante ! Et Rudi Friemel a levé ses mains liées au-dessus de sa tête et lancé : À bas la peste brune et sanguinaire ! Vive… Ses paroles se sont perdues dans un râle lorsqu'un SS lui a passé la corde au cou. Puis cela a été le tour du jeune Vesely. Ses dernières paroles ont été : Aujourd'hui nous, vous demain !

– Je crois que c'est Rudi qui a crié : Aujourd'hui nous, vous demain ! Les quatre autres ont lancé : Vive la Pologne, l'Autriche et l'Armée rouge. Le visage empourpré par la colère, le *Rapportführer* les a fait taire avec son fouet.

– C’était un sentiment d’humiliation, de honte et d’impuissance : tu ne peux rien faire. Il te semble qu’ils plongent leur regard dans tes yeux. J’avais l’impression que Rudi, justement, qui se trouvait tout près de moi, me regardait ainsi. Ensuite, on a enlevé la caisse qui était sous ses pieds, la corde s’est tendue, pendant quelques secondes le corps a été agité de convulsions, j’ai encore vu sa langue s’allonger, s’allonger, les yeux exorbités, ensuite, je n’ai rien pu distinguer de plus.

– Tous les détenus, qui avaient été rassemblés pour l’appel, se sont découverts après l’exécution.

– J’ai oublié de dire une chose : ils portaient tous de vieux pantalons et des chemises élimées, à l’exception de Rudi. Heinz Dürmayer, le doyen du camp, avait obtenu qu’on lui portât au cachot la chemise qu’il avait à son mariage. Je ne sais pas si c’était la dernière volonté du condamné. Je sais seulement qu’il a été exécuté dans sa chemise de noces, brodée de roses. Sa femme, l’Espagnole, n’en a jamais rien su.

7

Après et avant

Ce survivant, qui, peu avant sa fuite planifiée, a été transféré en août 1944 au camp de Neuengamme, de sorte qu'il n'apprend la mort de Rudi qu'après sa libération, en mai 45, et qui prend connaissance de la nouvelle, qui le touche profondément, à la façon d'Auschwitz, comme il dit : C'est fait, ça ne sert à rien de pleurer, et qui, à Vienne, peu après son retour, tient une conférence sur Auschwitz, afin que le monde apprenne enfin l'entière vérité…

Une jeune femme, qui s'approche de lui quand il a fini, et qui lui demande si par hasard il n'aurait pas connu à Auschwitz un certain Rudi Friemel.

Lui, le survivant, qui acquiesce d'un signe de tête.

Elle, qui demande ce que Rudi est devenu.

Lui, qui répond que Friemel a été pendu à la fin du mois de décembre de l'année précédente sur la place où l'on faisait l'appel.

La jeune femme (que le survivant n'a jamais vue auparavant et qu'il ne reverra jamais), qui s'effondre en pleurant.

Le frère du survivant, qui vole au secours de la jeune femme, l'aide à se relever, l'emmène, la confie à d'autres personnes, et qui ensuite fait des reproches au survivant parce qu'il a traité si durement cette femme : Tu n'as donc ni cœur ni âme !

Et le survivant, pour finir, qui répond :

Quiconque a été à Auschwitz a, pour le restant de sa vie, de la corne sur son âme.

Franz Danimann, Marina Ferrer Rey, Edouard Friemel, Norbert Friemel, Kurt Hacker, Ferdinand Hackl, Hans Landauer, Hermann Langbein, Josef Meisel, Dagmar Ostermann, Alois Peter, Erich Wolf. Ce sont les noms de ceux qui m'ont confié leurs souvenirs. Quatre d'entre eux sont morts depuis. Leopold Spira, qui m'a rapporté cette histoire, est mort lui aussi, de même que Francisco Comellas, qui a été le premier à me seconder dans mes recherches, et Fernando Escribano Checa, ce mari si discret et merveilleux aux côtés de Marina.

Le Musée d'Auschwitz ainsi que les Archives de la Résistance Autrichienne m'ont donné accès, entre autres, aux procès-verbaux d'anciens détenus : Jan Dziopka, Stanislaw Klodzinski, Viktor Lederer, Erwin Olszowka, Ludwig Soswinski et Alfred Woicicki. Ils m'ont été aussi précieux que les documents sur les combattants autrichiens de la guerre d'Espagne conservés par Hans Landauer, les informations transmises par Julián Escribano Ferrer, et les travaux de Hermann Langbein, Danuta Czech et Lore Shelley. Les récits de Tadeusz Borowski *Bei uns in Auschwitz* ont été publiés chez Piper Verlag dans la traduction de Vera Cerny, le rapport de Jenny Spritzer *Ich war Nr. 10291. Als Sekretärin in Auschwitz* est paru chez Rothenhäsler Verlag. Sous une photo, on y trouve la légende suivante : « On pense qu'il n'y aura plus un seul survivant d'Auschwitz en 2010. » Quelle que soit l'année choisie, je me refuse à tenir cette prédiction pour vraie.

CET OUVRAGE
A ÉTÉ ACHEVÉ D'IMPRIMER
PAR L'IMPRIMERIE FLOCH
À MAYENNE EN AOÛT 2003

N° d'éd. 142. N° d'impr. 57700
D.L. octobre 2003
(Imprimé en France)